Elisabeth Lüthi

Es Liecht ir Fyschteri

Für Ursula + Werner Siegrist
mit guten Wünschen
Elisabeth Lüthi

Mir Familie gwidmet

Elisabeth Lüthi

Es Liecht ir Fyschteri

Bsinnlechs u Tröschtlechs vom «Liebgott syr Putzfrou»

Mit Illustrationen
von Karin Widmer

Fischer Media Verlag, Münsingen-Bern

Umschlaggestaltung: Karin Widmer, Bern
Korrektorat: Peter Schwander, Münsingen

Die Deutsche Bibliothek – CIP Einheitsaufnahme

Lüthi, Elisabeth:
Es Liecht ir Fyschteri – Bsinnlechs u Tröschtlechs
vom «Liebgott syr Putzfrou»/ Elisabeth Lüthi
Münsingen-Bern: Fischer Media Verlag 1997
ISBN 3-85681-362-4

ISBN 3-85681-362-4

Inhalt

Vorwort

Was isch es eigetlech gsi, dass «Em Liebgott sy Putzfrou» so vil Lüt het gwunderig gmacht.
I muess säge: «I bi ehrlich überrascht u natürlech o erfröit, dass my Erschtling bi öich so guet isch aacho... danke für öies Wohlwolle!»
Jetz ligt mys zwöite Buech i öine Händ. Es sy Advänts- u Wiehnachtsgschichte, für ds ganze Jahr.
«Ja was jetz?» ghören i öich säge: «Für d Wiehnachte, oder für ds Jahr dür?»
Äbe beides. Wiehnachtsgschichte sys, will i jeder Gschicht Advänt, oder Wiehnachte vorchunt. Mir alli sy i der Zyt no ne Spur dünnhütiger als süsch. Aber sy mir de dür ds Jahr öppe nid o empfänglech für nes paar Strychel-Einheite... für paar tröschtlechi Wort, will's üs grad jetz... Wiehnachte, oder nid, eifach nid guet geit?
Wie i mym erschte Buech, chöme o hie ziemlech vil Lüt us em chirchlechen Umfäld vor. I ha sälber erfahre, dass grad die Mönsche, wo so naach a däm wunderbare Gscheh sy, am meischte lyde am «fyre».
Aber o alti, vil grad alleistehendi Mönsche, plange mängisch vergäbe uf nes paar gueti Wort.
Aber es sy nid öppe nume truurig Lüt, won i mit «Es Liecht ir Fyschteri» wett aspräche. Nei, o glücklichi u zfrideni Mönsche sölle sech fröie u teilha a der Art u Wys, wie's öppe im Läbe cha ga.

Fyrtige, sig's Wiehnachte, oder Oschtere, oder anderi hei näbscht em chrischtleche Sinn o eis gmeinsam, nämlech der Wunsch zum neecher zämerütsche.
«Es Liecht ir Fyschteri» isch kes Rezäptbuech, wie me das Zämerütsche chönnt agattige, aber e chlyni Ermunterig derzue. I hoffe, dass das Buech öich Fröid macht.

Elisabeth Lüthi

Der Wältsch

Der Gmeindsschryber vo Mülischache chunt rächt i ds Schwitze. Derby isch es nid emal heiss, weder dinne i sym Büro, no dusse, wo sech der Herbscht scho gäbig bemerkbar macht.
Nei, der Grund vo de Tröpf uf syr Stirne isch das gspässige Mannevolch, wo ganz verdatteret uf der Staballe änet em Schrybtisch huuret u mit Müej probiert z erkläre, was ihn hie häre bringi.
Är heissi Joël Chräjebüehl u syg heimatberächtiget hie im Mülischache. Sy Vater syg als junge Pürschtel nach Frankrych usgwanderet u heig dert ghüratet u Chind (under anderem äbe ihn) übercho. Jetz syg er alt u alleini u niemer frag ihm öppis dernah. Sy Vater heig ihm vor vilne Jahren einisch gseit, wen er einisch dumm dranne syg, de söll er hei i Mülischache, dert heig är ds Heimaträcht.

Dä isch guet, dänkt der Gmeindsmaa ergerlech, eifach cho derhär z tschalpe:
«So, da heit der mi.» We dä mir nume nid no verwandt isch, der glych Name hätte mir ömel.
«Wie seit me eigetlech dy Name, dä passt ja zu Chräjebüehl wie ne Fyge uf ne Nussboum?»
«Schoeel pardon, ich nichts kann für Namen.»

«Äh, i ha's doch nid bös gmeint. Bisch öppe no empfindleche, de passisch de gar nid dahäre.»
Theoretisch het der Schryber natürlech gwüsst, dass me verpflichtet isch, e Heimatberächtigte ufznäh, aber passiert isch ihm das no nie, das muess är em Gmeindrat vorbringe.
So hocket am Aabe der Gmeindrat vo Mülischache ume grosse Chuchitisch bim Presidänt u ratiburgeret über dä frömd Fötzel. «Am Änd isch er no kriminell», brummlet Grat Chrischte, «we de öppe da u dert öppis furt chunt, mues me de afe nid wyt ga sueche.»
«U d Wyber müesse mer dänk jetz de o yspere», nörgelet Schache Gödu, «me ghört ja allergattig vo dene Franzose.»
«Aba, dumme Chabis», giftelet Liechti Fritz, «erschtens isch dä Wältsch en alte Maa u zwöitens wird dä wohl nüt Wüeschts frässe, de passiert dyr Gritt scho nüüt.»
«So, höret uf stürme», balget der Kassier, «i wett vor allem wüsse, was üs dä Gascht choschtet, Vermöge het er nid u d AHV längt nid zum Läbe. Für ds Altersheim isch er z jung u für ds Wärche z alt.»
Der Chäser mäldet sech zum Wort: «I hätt en Idee. Mi Schwöschter vom Lädeli mangleti öppere für z hälfe. Sider dass ihre Maa glähmt isch, wird's ere z viel u Platz hätt si o, aber i wott da nid dri rede u my Schwager isch chly ne Merkwürdige.»
Der Chrämer het z erscht nüt wölle wüsse vomene frömde Fötzel im Huus, aber am Änd het er müesse froh sy um die Hilf.
«So söll er halt cho.»

De Gmeindsmanne trohlet e ghörige Stei ab em Härz, dass si dä Wältsch chöi vergässe. Si mache das so gründlech, dass si jedesmal ganz baff sy, we Joël im Bäre zur Tür y trappet. Uf sys bon soir git niemer Bscheid, für was o?
Di Mülischacheler chöme sech fei echly chrischtlech vor, dass si dä zuecheglüffnig Mändel nid plage u ne sogar ir Chilche tole, wen er scho katholisch isch. Kes ungrads Wort überchunt er z ghöre, allerdings o kes guets. Me het's hie umenand nid zum Bruuch z chüderle, das syg öppis für d Stedter.
Der Meinig isch o der Sigrischt. Es chan ihms zwar nüt, dass dä Wältsch fasch all Abe i der Chilche gruppet, wen er wott bschliesse, aber bis jetz isch nüt furt cho oder kabut ggange, u ohni Grund chan er ne nid usegheie.
Won er ne einisch fragt, was er eigetlech geng da wöll, überchunt er zur Antwort, es syg äbe da chly wermer als i sym Zimmer, u hie chönn er doch mit der Heilige Familie rede.
«U de Chrämers. Rede de die nid mit dir?»
Madame tät allwäg scho, aber Monsieur toli das nid, är müess o alleini im Lagerrum ässe, da sig's jetz eländ chalt.
«Das verwunderet mi eigetlech nid, das sy scho grossartig Hagle, aber du chasch ja froh sy, dass de dert chasch sy, bisch halt ke Hiesige. U wäg der Chelti. Wäge dir chan i ömel nid äxtra heize.»

Es isch churz vor Wienachte. Us allne Hüser schmöckt's nach güezele u im Lade isch Hochbetrieb. Still u flyssig füllt Joël Regal uuf, louft mit em Schlitte zur Station ga War reiche. Da u dert lat sech öpper sy Ychouf la heibringe, aber chuum einisch seit öpper es Wort zuen ihm. Vilicht isch es o d Angscht vor der Frömdsprach. Niemer weiss, wie schwär es däm Maa z Muet isch. Grad jetz i der Heilige Zyt gwichtet äbe d Einsamkeit dopplet. Är het Angscht vor Heilig Aabe u het scho lang nie meh so Längizyt gha nach syr Mueter, nach ihrer Heiterkeit u dere hälle Stimm, wo si die schöne, alte Lieder gsunge het. Es tüecht ne mängisch, är ghör se grad no hütt. Warum sy de d Mülischacher so hert u lieblos? Är erinneret sech jetz, dass der Vater o ne Puckte isch gsy, aber d Mueter het das alls guet gmacht. Si isch e liebi gsy, nid nume zur Familie, nei, für alli Lüt het si es Lächle u gueti Wort gha. No hütt het er ihres «cher Joël» i den Ohre. Oh Maman, où es-tu?

Es isch Heilig Aabe. D Chrämere stellt ihrem Wältsch es Täller voll feini Choscht u nes Glas Wy uf sys Tischli im Lagerruum, seit echly fründtlicher als süsch «e Guete», u zieht sech zum Fyre id Wohnig zrügg. Joël worgget a syr Hamme mit Härdöpfelsalat. Ja, guet isch es scho, das cha niemer abstritte. Aber so alleini? Ihm wär e Bitz Brot i gueter Gsellschaft lieber, als das «Feschtmal» mueterseel-alleini.
Won er fertig isch, putzt er mit em Handrügge ds Muul ab u geit id Chilche zur Heilige Familie. Geng wie meh, mahnet ne der Maria ihres Gsicht a sy Mueter. Still plääret Joël vor sech häre: «Oh Gott, nimm mi zue der!»
Plötzlech git's Liecht u der Sigrischt chunt yne. Es jungs Meitschi grüesst ne fründtlich uf französisch u seit, äs sig d Tochter vom Sigrischt u heig vo syr Wältschlandstell frei über d Feschttage. Eh, das tuet guet, sy Sprach wider

einisch z ghöre! Fei echly lang prichte die zwöi, sider dass der Sigrischt da u dert öppis zwäg macht für d Chrischtnachtfyr.
«So Susi, mir sötte, la du jetz dä Maa la sy!»

«Vati gäll, är darf zuen is cho? Är het ja süsch ke Mönsch. Säg ja!» Wär chönnt da widerstah, we so nes Chrottli chääret.
«Nu ja, so söll er halt, we d Mueter nüt dergäge het, du Stürmeli.»
Es wird e schöni Fyr ir Sigrischte-Wohnig. Joël touet uuf u strahlet geng a eim sy Gaschtfamilie aa. Mit em Susi zäme singt er uf Französisch di alte Lieder u spilt uf em alte, verstimmte Harmonium, wo eigetlech nume no us Pietät vor der Grossmueter dasteit.
Tüür u fescht bhouptet dä alt Maa, dass er sit Mueters Tod niemeh so glücklech sig gsy, merci, merci beaucoup, chère famille!

Es vergeit nid mänge Tag. Da chunt amene Morge d Chrämere cho z springe. Der Wältsch ligi tot im Bett. Nei so öppis! «Ja», seit d Sigrischts Frou, «jetz het er geng Wienachte, dä guet Joël, gottlob hei mir no mit ihm gfyret.»

Der Frömdling (Es Märli)

Niemer het gwüsst, wohär dä Mönsch isch, o nid, won er här chunt. Är isch äbe ne Frömdling, e kurlige Bitz Mönsch. Ungsinnet chunt er id Hüser, blybt e Stund, oder lenger. De verschwindet er u toucht amene anderen Ort uuf. Nei, är bsuecht nid nume di Ryche, oder di Arme, är bsuecht Fabrikante u Arbeiter, Bure u Tauner, Frommi u Unglöibigi.
Es isch Winter, u ne merkwürdigi Feschtfröid ligt ir Luft, wo sech der Frömdling nid rächt cha erkläre. D Hüser wärde gschmückt mit bunte Böim u grüene Zweige. Us de Chuchine schmöckt's nach Brate u Süessigkeite. I de Strasse lüüchte Tuusegi vo Liechter, aber d Lüt schyne sech däm nid z achte, höchschtens d Chind, si jufle hin u här u trage ganz Hüüffe grossi u chlyni Päckli.

I paarne Hüser wärde Liechter aazündtet u Lieder gsunge, i anderne sitzt me a fürschtlech ddeckte Tische, isst u trinkt herrlechi Sache.

Wider anderi gruppe vor eigenartige Chäschte u luege wie verhäxet zue, wie sech ander Lüt mitenand underhalte, oder enand verdrösche, oder töte. Sälber säge si nüt.
Der Frömdling trappet ine Villa, wo's gar gruusam nobel zuegeit, u fragt der Husherr, öb si da e Geburtstag tüeji fyre. «Ja, me chönnt däm eso säge», seit dä.
«Darf i em Jubilar gratuliere?»
«Das geit äbe nid, dä isch nid da.»
I mene Burehuus hoffet er meh Glück z ha, är fragt o da nach em Geburtstagschind, aber är überchunt mutze Bscheid.
Es höchs Huus mit eme Turm u belüüchtete Fänschter zieht ne aa. Viel Lüt sy dinne u singe u lose ne Gschicht, vomene Chind wo imene Stall gebore syg.
Am Schluss vo der Fyr fragt er dä, wo erzellt het, öb är das Chindli dörf bsueche. «Äh nei», seit dä verläge, «dä Jesus isch vor 2000 Jahr gebore.»
«De fyret dir also e Tote?»
«Nei, nid ganz. Eh, wie söll i säge. Es Chind würd jetz säge, är sig im Himel, aber das isch mir doch chly z naiv.«
Der Frömdling wott's jetz genau wüsse u geit der ander Morge i ds Chinderspital. Dert fragt er e Schwöschter, wo die Chind sige, wo ihm chönni Uskunft gäh.
«Wartet. I chume mit nech, aber machet süüferli.»
I mene Zimmer trifft er vier Chind bim Spile aa. Trotz de magere Körperli, de bleiche Gsichtli u blutte Chöpf, schyne si glücklech z sy. Es Meiteli träppelet gschäftig hin u här, schänkt den andere Tee y, derzue ässe si Zwieback, wie we das es Feschtässe wär. Dernaa singe si Lieder. Eis isch offebar es sälber Ersinnets: «Happy Birthday, Jesus.»

Derzue lache si u chlatsche i ihrer chlyne Händ.
Der Frömdling isch zfride. Zerscht mal, sit er hie isch, het er ds Gfüehl, dass ds Geburtstagschind derby isch. Gseh het är's zwar o nid, aber gspürt, das wott är lehre kenne.

E schöne Wienachtstag

Es het e ghörige Schübel Schnee abegheit u Chrischte chunt rächt i ds Schwitze, bis er die längi Chilchestäge fertig gschuflet het. Wunderbar heiter het sech der Wienachtsmorge agchüntet, der Fridhof ligt still u fridlich da. Ussert sym eigete, schirbelige Chyche u em Rätsche vo der Schneeschufle ghört me nüt.
Es wär eigetlech e Morge nach Chrischtes Gschmack, aber hütt isch nüt vo Fröid oder Abklärtheit i däm runzelige Gsicht z läse. D Ouge luege erschröckelig truurig dry, u um d Mulegge het sech e herte Zug ygrabt, wo nid so rächt zu däm beliebte Maa wott passe.
«He Chrischte. Gsesch nid dä schön Morge? Gsesch nid, wie d Sunne glitzerigi Stärnli um di ume gsäjt het? Es isch Wienachte Chrischte. Wienachte!»

«Ja, nöje wohl, i merke nüt dervo. Sövel mängs Jahr isch me guet gnue gsy, als Sigrischt, halb vergäbe han i mit der Frou zäme dienet. Alt u grau sy mer derby worde. Aber mir hei üsi Sach guet gmacht. Won i i der Griengruebe ha ufghört wärche, will i ds Alter ha gha, het's gheisse, si wäri froh, we mer ds Amt no nes paar Jährli chönnti bhalte u üüs isch der Lohn, wo mit de Jahre chly besser worden isch, grad chumlig cho, für d AHV es bitzeli ufzmöble. Won i bi sibezgi worde, isch der Pfarrer Müller id Pension ggange u het mi gfragt, öb i nid o grad wöll höre, sibezgi syg doch es schöns Alter u mir sölle's doch jetz o no chly schön ha. Hätte mer doch vilicht denn o grad sölle ga?»
Das alls fuerwärchet i Chrischtes Chopf ume, wäret däm er blicklos über das heimelige Dorf usluegt. Si hei denn gmeint, das gang no guet es paar Jahr u ds Gäld hei si fasch müesse ha. Däich me doch, we eis oder ds andere chrank u lengeri Zyt bettlägerig würd? So het me wyter gmacht u probiert, die glägetleche Beschwärde z überwinde. Rösi het mit syne offene Bei z wilige fasch nümme möge u Chrischte het afe fasch e styffi Huft. Drum het der Pfarrer Roth zersch süferli u speter geng dütlicher vo ihrem Ruehestand aafa prichte. Nei. Usegheie wöll me se nid, bewahr! Aber si gseje doch sälber, dass es müehsam wärdi. O mit em Ghör syg's äbe schwierig, Chrischte söll doch wenigschtens es Hörgrät zueche tue, dass er nid geng ds Lätze verstöng. Aber Chrischte het sech jedesmal toub gstellt.
Der Frou Wäber vom Chirchgmeindrat isch z letscht die schwäri Ufgab zuegfalle, Rösi u Chrischte uf-z-sueche u ne by-z-bringe, es tüej allne ganz schuderhaft leid, aber es

göng doch nümme eso. Si hätte jetz no grad e gäbigi Nachfolgere, si kenni doch d Frou Gärber, wo letschte Winter so ungsinnet syg Witfrou worde. Die wär bereit, das Amt z übernä. Der Rat möcht drum Chrischte bitte, uf d Wienachte z chündte, dass me ume chly meh chönnt fordere vom Sigrischtenamt.

Jetz isch also der letscht Tag. Ds letschte Mal am grosse Boum im Chor d Cherze azündte, ds letschte Mal bim Abendmahl zuediene u ds letschte Mal mit em Kollektesack am Usgang sta u de Lüt e Gruess u gueti Wünsch mitgä. Wie ne usrangierte Chare chunt er sech vor, zu nüt meh Nutz u nümm erwünscht.

Dinne i der Chilche het Rösi sider der Abendmahlstisch deckt u derzue es paar Träne vo de faltige Backe gwüscht. Oh Gott, wie isch das schwär. Nie hät äs dänkt, dass es söfel müesst gränne zum Abschied.

D Tür geit uf u Chrischte chunt mit der Frou Gärber yne. Eh ja, es isch e gattligi Frou u git allwäg ganz e passabli Sigrischtin, aber a der Wienachte i Hose im Gottesdienscht? D Frou Gärber gseht der abschetzig Blick vom Rösi u meint: «Das sött i dänk de im Amt nümme, i meine eso der Dienscht mache?»

«I wott nech nüt vorschrybe, aber es Röckli gsäch scho nätter uus, ömel grad bim Abendmahl.»

«I bi froh, we dir mi no chly prichtet, i muess no vil lehre u vo wäm chönnt i das besser, als bi öich?»

Isch jetz das nid gsy, wie nes tröschtlechs Strychle, die paar Wort vo der Nachfolgere?

Langsam füllt sech d Chilche, vertrouti Gsichter da u dert. Chrischte schaltet ds Glüt y u fat a Cherze aazünd-

te. Derby merkt er, dass es ihm es Gydeli gliechtet het. So ganz zum alten Yse wird me doch no nid gheit, me cha der junge Frou no dise oder äi Dienscht tue.
Es git e schöni, ghaltvolli Predig u aaschliessend wärde Rösi u Chrischte mit warme, härzleche Wort umene Gschänk verabschidet u d Nachfolgere nid weniger härzlech gottwilche gheisse.
Chrischte z lieb singt d Gmeind no sys Lieblingslied: Jesus geh voran. Si chöi beidi nümme so guet singe, aber die Wort u di warmi Melodie tüe dene wunde Gmüeter wohl. Bsunders di letschti Strophe:

Ordne unsern Gang, Jesus lebenslang
Führst du uns durch rauhe Wege,
gib uns auch die nöt'ge Pflege,
tu uns nach dem Lauf deine Türe auf.

Vil gueti Wort u fründtlichi Blicke begleite die zwöi alte Lüt i ihre wahrhaftig verdienete Ruehestand. D Chilche isch ja o i Zuekunft offe für se, nume de äbe ohni Pflichte. Wo alls wäggruumt isch, trappe si zäme mit der Frou Gärber di längi Stäge ab, fröie sech am glitzerige Schnee u der Ussicht uf di mayestätische Bärge am Horizont.
«E schöne Wienachtstag, trotz allem, gäll Chrischte?»

D Glettere

D Lüt wüsse nid so rächt, was si vom «Söigrabe-Peek» sölle dänke. Scho sit paarne Jahre huset er jetz scho mueterseel alleini im chlyne Hüsli im Söigrabe hinder. Bim zale sig er nid chnouserig gsy, hei d Lüt brichtet, obschon jede weiss, dass der Bach alli paar Jahr gruusig wüetet u alls mitnimmt, wo nid feschtgmuuret isch. O ds Hüsli macht ke hoffärtigi Gattig. Misstrouisch wird dä Mändel beobachtet.

«Da stimmt doch öppis nid, we eine es settigs Ghütt ohni z märte zahlt, de no ne Händler. Da isch doch öppis fuul!» Vom Burdlefmärit isch eine cho prichte, dä Peek sig mängs Jahr im Schalewärch ghocket. Wäge Mord. Das het d Stimmig gäge Peek nid grad verbesseret. «E Mörder i der Gmeind. Da muess me sech in acht näh, dä chönnt am Änd rückfällig wärde!»

Obschon er nümme handlet, gseht me Peeke uf allne Märite im Bärnbiet. Ufmerksam u mit Kennerblicke verfolget är der Handel u lat sech widerwillig la aaglotze. Är merkt, dass me über ihn redt u das ergeret ne eländ, aber me cha de Lüte ds Lafere nid verbiete.

E Schönheit isch er nid. Sys grosse Muul mit schmale Lippe u der grosse Nase stören eim. Aber nüschti macht är Ydruck bi de Lüt mit syr flotte Poschtur u de massgschnyderete Halblynchleider u de schneewysse, brättigherte Hemmli. Es chunt vor, dass ne d Lüt frage, wo är e Glettere gfunde heig, wo das no chönn. «Bi üüs im Dörfli», seit är de stolz, «u de no ne Jungi.»
Die Glettere isch tatsächlech no jung, öppe halb so alt wie Peek. Die sälteni Kunscht het si no vo ihrer Grossmueter, wo ne grossi Könnere isch gsi. So chöme jetz vo wyt här houptsächlech Trachtegruppe u Jodlerclüb u äbe Peek i das Dörfli zu der Glettere.
Eigetlech isch es gringschetzig, we me irem Arbeitsplatz Wärchstatt seit. Es wär passender, däm Atelier z säge. I re Wulche vo Sterkiduft hange ganz Zylete wahri Kunschtwärch vo Hemmli, Bluse, Gloschli u Schürz zum Erchalte zwäg.
Peek, wo's nid zum Bruuch het, Gfüel z zeige, isch gärn i däm Huus. Die jungi Frou strahlet öppis uus, won är sech nid cha erkläre, öppis, wo ihn a sy Mueter erinneret. Si isch e härzensgueti, frommi Frou gsi.
Verstole suecht är d Wänd nach fromme Sprüch ab, aber är fingt keine. «Isch o besser eso», dänkt er, Stündeler het er sowiso uf em Bätzi, die hei's cheibisch los, bi ihm i ds Gwüsse z gusle.
Won er eis im Spätherbscht es paar Hemmli wott abhole, ghört er i der Wohnig obe d Chind, wo uf der Flöte es Lied üebe. Widerwillig stellt er fescht, dass ihm das Lied heimelet, das het er albe als Chind i der Sunntigschuel gsunge. Aba, was isch jetz das. Bin i am Änd en alte Grit-

ti worde? Är tuet derglyche, wie wen er würd der Kaländer a der Wand gschoue u wüscht hurti das blöde Wasser us den Ouge.
«Gfallt's nech?» fragt die jungi Mueter u tuet d Tür zum obere Stock uuf. Meh seit si nid u leit wyter ihri Wösch zäme.
«Git's es Feschtli i der Sunntigschuel?» fragt er. «Ja, möchtet der o gärn cho?»
«Was söll i y der Chilche, da bin i scho öppe dryssg Jahr nümme gsi, das isch öppis für die Brave.»
«Wo heit dir de die kurligi Meinig här? D Chilchen isch für alli offe.»
«Ja, wüsset dir de nid, dass i ghocket bi, will i eine ha z tot gschlage?»
«Mohl, d Lüt rede dervo, aber wäge däm het glych niemer es Rächt, öppere uszschliesse, möchtet der drüber rede?»
«Für was? Das verstöht dir doch nid. Überhoupt geit das niemere öppis aa.»

Es paar Tag speter steit Peek mit eme einzige Hemmli vor der Tür vo der Glettere u reckt ere umständlech es Päckli Güezi entgäge. Aha, da möcht öpper es Gaffee u dänk o rede, vermuetet si. Gly druuf höckle zwöi Lüt i der Chuchi, wo so verschide sy wie Tag u Nacht u rede vom Wätter.
«Heit der eigetlech ke Familie?» fragt die jungi Frou, wo si merkt, wie Peek a öppisem ume worgget.
«Gha. Aber das isch lang här. Fasch nümme wahr.»
«Het das öppis mit öiem Tolgg im Reinheftli z tüe?»

«Ja, das het's. I bi ja äbe Vehhändler gsi u da derdür vil furt, aber my Frou het guet zum Züüg gluegt u d Chind hei brav ghulfe. I blöde Löl ha gmeint, das syg alls, was nötig syg. Hüt weiss is besser, aber jetz isch es z spät. Won i einisch früecher als süsch bi hei cho, han i my Fründ u Nachber mit ere erwütscht. Dir wüsset scho! Vermuetlech hätt i mi chönne beherrsche, wen er mi nid no so miserabel hätt usglachet. Da han i rot gseh u ha däm faltsche Hund sys blöde Grinse wölle ustrybe. I ha ne am Äcke packt u halbblutt, wien er isch gsi zur Tür us gheit. Fatalerwys isch er uf e Dängelistock gheit u het ds Gnick bbroche. Das han i nid wölle, das schwören ig. Verdrösche ha ne wölle, ja, aber nid töde. Derfür han i zwölf Jahr übercho u achti dervo abghocket. Derzue han i ds Heimet verlore u d Familie, das isch schlimmer als alls andere.»

«Heit der de öier Chind sider nümme gseh.»

«Nei, die wei nüt vo mir wüsse. E Zuchthüsler!»

«Sit der so sicher? Hei si's öich gseit?»

«Da bruucht me nid z frage. Süsch hätte si mi i der Chischte bsuecht. Mi git's nümme. I ha ke Ahnig, was us ne worden isch. My Brueder het mer erzellt, ds Anneli heig ghürate u sig irgendwo im Seeland. Vilecht bin i scho Grossvater u weiss nüt dervo.»

Peek putzt der Schnouz u wüscht näbeby no grad über d Ouge: «Jetz han i öich aber lang versuumt, danke für e Gaffee u für ds Zuelose. Uf Widerluege.»

Es het scho paar Ryffe ggä gha u ds Loub im Söigrabe isch nasses u bruuns umegläge, wo der Brieftreger bi Peek e Brief het i Chaschte gleit. Är isch vom Änneli un es ladet sy Vatter ganz härzlech y, über d Wienachtstage zu ihm z cho. Äs syg mit Erich, emene Lehrer ghürate u heig zwöi chlyni Chind, wo druf plangi, der Grossätti lehre z kenne.

Weisch, wien i di gfunde ha? E Glettere, wo mit mir einisch a re Sunntigschueltagig isch gsi, het mir aaglüte u gfragt, öb am Änd der Söigrabe-Peek my Vater chönnt sy. «Oh Vater, warum hesch di nie gmäldet? Du hesch mir so gfählt! Aber jetz han i di gfunde u öb's gärn hesch, oder nid, da dranne isch halt doch d Sunntigschuel dschuld.»
«Ja», brümelet Peek, «hesch rächt, Änneli, es isch mer nid emal z wider, ar Wienachte mit dir i der Chilche z hocke.»

Wienachte im Sigrischtehuus

Der Martin Studer hocket i der Chuchi. Mit eir Hand stützt är sy schwär Chopf u di anderi hanget chraftlos zwüsche syne Chnöi abe. Ds Gaffee, won ihm sy Frou het uf e Tisch gstellt, chaltet still vor sech häre.
Im Chinderzimmer spilt d Beatrice, ihres Töchterli, uf der Blockflöte: Macht hoch die Tür, die Tor macht weit.
«Mues das sy, i meine die Flötlerei», ruuret der Vater uwirsch.
D Mueter git halb ungeduldig, halb verständnisvoll ume: «La doch däm Chind sy Advāntsfröid, es mues ja nid sy, dass di ganzi Familie der Cholder het.»
«Ja ja, i weiss scho, dass i im Unrächt bi, aber i cha dä Rummel fasch nümm ertrage. Sit dreine Wuche mindeschtens ei ‹Fyr› pro Tag. D Lismerfroue, ds Missionschränz-

li, die alte Manne, d Witfroue, d Altersturner, derzue no all Schuele, d Sunntigschuel und und und.
Alli erwarte e subere, guet glüftete u schön gschmückte Saal, derzue di nötige Näberüüm. U alli mache di glychi Souerei mit Cherzetröpf u Chrisnadle. We si de wenigschtens albe no pünktlech hörti, dass me gnue Zyt hätt für z putze u früsch zwägzmache! Aber nei, da wird de albe no gchlapperet, u we üsereim afen echly hässig wird, luege si eim aa, wie we me nid ganz normal wär. Chürzlech het eini vo dene Froue zur andere gseit:
‹Chömet, mir müesse gah, bevor mer usegheit wärde.›»
«Die hei das sicher nid so bös gmeint, du bisch süsch meischtens d Geduld sälber. Aber lueg, i versta di Lüt o ne Bitz wyt. Si gseh äbe nume dra häre. U jede meint, sys Feschtli syg ds einzige, oder de ömel ds wichtigschte u we si no meine, si wöllen eim nützlech sy, de stöh si eim meh im Wäg. We si us luter Guetmeine wei hälfe Gschir abrume u de chrüz u quer alls Mügleche derhär bringe. Mir wären albe wöhler, we si churzum gienge u üs liesse la mache, wie mir üs gwanet sy. Aber das cha me doch dene Lüt nid säge, me würd se eländ trappe.
U weisch, Martin, du darfsch dir jetz nid eso der Verleider la aahänke, mir si o no da, d Chind u ig. Morn isch Heiligen Aabe, de chöi mir vor der Christnachtfyr echly für üs sy u wei nis doch o richtig fröie a der Wienachte.»
Z mornderisch, am späte Namittag. Studers hei hurti, hurti ihres Böimli gschmückt gha, der Vater het ir Chilche no alls zwäg gmacht, dass er de ömel ruehig chönn bi der Familie sy, da chunt der chlyn Matthias cho mälde, es syg Visite cho. Nei, är kenn se nid, aber ds Mueti säg ne

Unggle Fritz u Tante Martha u äs gseih ganz unglücklech uus. Der Martin git sech e Mupf u geit ga luege, wär da so z Unzyte uf Bsuech chunt.
Tatsächlech. I Studers Stube hocket e Tante vo der Lydia mit ihrem Maa. Die Tante isch nid grad e gmögige Mönsch, si redt vil z vil u vor allem z lut, weiss alls besser u was ds Schlimmschten isch: Die zwöi gedänke zum Feschtli z blybe. Ihne göng das doch grad im glyche zue, drum heige sie u Fritz ddänkt, si choufi hüür kes Böimli, das gäb nume ne Huuffe Arbeit u Dräck, abgseh vo de Chöschte.
Jetz isch es d Lydia, wo fasch d Fassig verliert. I der Chuchi usse hanget si ihrem Maa a Hals u hüület ds luter Wasser:
«Hei mir de eigetlech gar kes Rächt uf nes Bitzeli Privatläbe», jammeret si, «i cha eifach nümm. Ds einzige, wo mir het gholfe, dä Rummel z ertrage, isch is jetz o no verwehrt. Säg dene zwe Egoischte, si sölle hei, säg ne, aba, i ma nümme.»
«Lydia, Lydia, i kenne di nümme», seit Martin ganz ratlos. «I tät lüge, wen i sieg, dä Bsuech fröi mi, aber furtschicke? Nei, das bringen i nid über ds Härz. Dänk doch, we das üsi, oder ihri letschti Wienachte wär? Wie wette mir de, dass mir entschide hätte?»
Plötzlech tönt us der Stube der Beatrice ihri Flöte:
«Macht hoch die Tür, die Tor macht weit.» Das Chind het als erschts der Rank gfunde u dene zwe ungschickte Gescht mit sym eifache Flötespiel zeigt, dass si trotz allem willkomme syge. Da het d Lydia ihrer Träne abtröchnet u der Martin echly unsicher aaglächlet. Tante hin, oder här. Freue dich du Chistenheit.

Was d Chrippe vermag

«Unser Anfang geschehe im Namen des Herrn, der Himmel und Erde gemacht hat, Amen.»
«Setzt euch, Kinder, die Dritt- und Viertklässler nehmen die Rechnungshefte zur Hand.»
«Ja, was isch», seit d Fröilein Sonderegger, Lehrere z Chummlischwand.
«Fröilein Sonderegger», mäldet ds Vreneli Morgetaler, «geschter isch erschte Advänt gsi, tüe mir nid fyre?»
«Nei», seit d Lehrere überraschend sträng, «mir fyre nid, mir rächne.»
«Schaad», tönt's us de Bankreie. Die eltere vone hei i de vergangene Jahr geng ganz wunderschöni Adväntsfyre mit der Lehrere erläbt u die jüngere heis vo de Grosse verno, wie me sech uf die Mändig-Morge i der Adväntszyt chönn fröie. U will d Lehrere o no grad Sunntigschuel

Rechnen:
5 × 7 =
7 × 8 =
15 × 3 =
8 × 14 =

ggä het, isch o ds Chrippespiel e Höhepunkt im Chirchejahr gsi.
Ds Vreneli wagt nid z frage, warum das hüür so ganz anders isch, äs isch nume schuderhaft tuuchs u schlückt mit grosser Asträngig d Träne abe. Ke Advänt. Das isch doch gar nid müglech. Me cha doch nid abschaffe, was scho geng isch gsi! Für ihns ghöre die Mändig-Morge-Fyre eifach zum Läbe, wie ässe u trinke. Kener Cherze, ke Gschicht, derfür rächne. Usgrächnet rächne. Das cha nid wahr sy. Rächne, statt de schöne Lieder!
«Vreni Morgetaler, troumisch wieder einisch», tönt's unbarmhärzig vo der Wandtafele här.
«Mir si am Rächne, nid am Schlafe.»
A der Wandtafele stö linggs d Ufgabe für d Dritteler u rächts die für d Vierteler. Gleitig nimmt das Chind sys Schrybi i d Hand u fat missmuetig afa rächne.
Der Schuelwäg nimmt meischtens ds Vreneli mit em Marcel Binggeli zäme under d Füess. Die beide wärde vo de andere Chind geng chly plaget. Ds Meitschi, will's dick u chly schwärfellig isch u der Bueb, will er ke Vater het. Är läbt mit syr Mueter im Stöckli bi Morgetalers. Si schaffet daheim für ds Heimatwärch i der Stadt u der Marcel isch ere fei e guete Chumm-mer-z-Hilf. Das kunschthandwärchleche Handlangere het em Marcel sy Blick ufta für d Schönheite vo der Natur u drum isch der läng Schuelwäg für die zwöi Chind nie längwylig.
Hingäge hüt hei beidi nöje nid so der Blick für ihri Umgäbig. Beidi brattige a däm fröidlose Morge ume.
«Si het eifach e schlächte Luun», seit Marcel.

«I gloube ehnder, si sig chrank, oder ganz fescht truurig», meint ds Vreneli.
«Het's amänd dermit z tüe, dass der Herr Pfarrer niemeh chunt u der Ring het si o nümme anne.»
«Ah ja, my Mueter het ja gseit, d Fröilein Sonderegger hürati de der Pfarrer, meinsch das syg jetz nüt mit däm Hochzyt?»
«Allwäg nid, u drum git's jetz o ke Advänt u amänd o kes Chrippespiel.»
E länge Bitz loufe die Chind stumm der Grabe hindere u hirne jedes für sich, wie me die armi Lehrere chönnt froh mache, dass es doch no Wienachte gäb.
Du Marcel, mir hei doch färn einisch dä Stei gfunde, wo usgseht wie nes Bébé. Das chönnt doch der Heiland sy! Weisch was. Mir bringe das der Lehrere, de isch si vilecht nümme truurig.»
«Ou ja, un i machen es Chrippli derzue, ds Höi für dry chasch du bringe!« Em Marcel syner grau-grüene Ouge lüüchte u d Backe under em rote Strubelihaar glüeje vor Yfer. Sys Künschtlerougg gseht scho ds fertige Wärch. Ohni z merke, föh si afa pressiere u sy gleitiger daheim als süsch.
Am Namittag hocke si zäme i der Budigg u kroutere a ihrem Kunschtwärch. Es git gar ke Zwyfel, we d Fröilein Sonderegger das Chrippli gseht, vergisst si ihres Härzeleid u alls isch wie früecher.

Am nächschte Morge trage ds Vreneli u der Marcel es uförmigs Pack em Schuelhuus zue. I der Schuelstube packe si es Chrippli uus, wo nid usgseht, wie wes e Dritteler gmacht hätt. Uf em Höi ligt es steinigs Bäbi, wo iglyret isch, i ne Bitz vo me ne alte Chuchitüechli, als Umschwinger.

D Lehrere gschouet verdutzt das Kunschtwärch u fragt, vo wäm 's sig. Zaghaft stöh die zwöi Chind uf u ds Vreneli stagglet:

«Mir hei ddänkt, der Heiland mach nech de Fröid u es gäb de doch no Advänt.»

Was isch jetz los? Het si doch ke Fröid am Chrippli? Statt öppis z säge, tuet d Fröilein Sonderegger der Pultdechel uf u git ganz gspässig Tön vo sech. Derzue schnützt si geng an eim d Nase.
D Chind luegen enand ratlos aa: Was isch jetz los, was hei mir de faltsch gmacht?
Im änerschte Egge faht e chlyne Erschteler, wo der Lehrere ihrer Träne gseht, afa gränne un es paar anderi löh sech la aastecke. Ändtlige geit der Dechel zue u d Fröilein Sonderegger steit mit rote Ouge, aber gfasst uuf u fat afa erzelle, dass si i letschter Zyt öppis ganz Truurigs erläbt heig u dür das o chly Müej heig gha mit em liebe Gott.
Das Chrippli da heig se jetz aber dra erinneret, dass der Heiland ja grad für die truurige Lüt sig gebore.
«Danke, liebi Chind, dass dir nid heit erloubt, dass i vor Truur vergisse, dass dir es Rächt heit, öich a der Adväntszyt u Wienachte z fröie un i wott mi o wider fröie u dir hälfet mir derbi, gället?»

I ha zwar ds Elektrische

D Barbara Sollbärger steit am Chuchitisch u steckt Chris u Cherze zumene Gsteck zäme u garniert ds Ganze no chly uus mit allergattig Chlynigkeite.
«Eigetlech hätt i Sache gnueg für ds ganze Huus, das würd sicher alli fröie.»
Bi allem stecke dänkt si a die verschidene Lüt, wo's sölle übercho. Si het nid zu allne es härzlechs Verhältnis, aber Krach het si mit niemerem. Warum also nid uf d Wienachte es Zeiche tue u jedem öppis z lieb tue.
Wo si alli füf Stück fertig het, stellt si se i der Wohndili uf e Tisch.
«Mohl», dänkt si, i hätt ömel Fröid, we mir das öpper schänkti. Im Parterre fat si aa. Dert wohnt rächts d Huswartin, das isch zwar nid die Süberschti, aber sicher isch si o nid grad fürschtlech zahlt für ihri Arbeit.

«Grüessech Frou Löjebärger, darf nech da es Grüessli u nes Merci für öji Arbeit schänke?»
«Danke, das wär nid nötig gsi, es wär mer lieber, d Lüt hätte ds Jahr dür öppe chly sörger. Das geit nid öich aa, dir sit scho rächt, aber d Meiere mit ihrne Goofe mache mi mängisch scho verruckt.»
«Ja, aber d Frou Meier het's halt nid so liecht, si mues der ganz Tag schaffe.»
«Da isch si ganz sälber d Schuld, wär si nid gschide, de hätt si's o besser, aber die het ja ihre Maa zum Hus us geklet u jetz jammeret si über die magere Alimänt, i ma nüt ghöre!»
«Oh Frou Löjebärger, mir wei nid urteile. Si mer doch froh, dass mir üser Manne no hei.»
«O heje, Frou Sollbärger, wäge dessi. I gäb myne mängisch billig, dä Sürmel. Der Meiere ihre isch frömd ggange, ja nu, aber myne wär no für das z fuul!»
«Also, Frou Löjebärger, i wünsche nech rächt schöni Feschttage, uf Wiederluege.»

Vis-à-vis wohne Strubhaars, es elters Ehepaar, schuderhaft zrüggzoge. Me weiss nid, sy si schüüch, oder stolz.
«Grüessech Herr Strubhaar, i wett nech gärn es chlys Fröideli bringe.»
«Nu guet, chömet yne, mi Frou isch grad echly abgläge, si het äbe mit em Härz.»
D Barbara entschuldiget sech, si wöll nid störe, aber d Frou Strubhaar chunt scho ganz verläge us der Stube u strycht ihrer Haar zwäg. D Barbara luegt umenand, si

isch z erscht Mal i der Wohnig, wo fasch ehnder wie nes Schoufänschter usgseht. Kes Stöibli, kes Rümpfli, nid e Zytig wo nid da ligti, wo si häreghört.

«Dir heiget's schyns mit dem Härz?»

«Ja äbe, das isch müehsam. Das chunt geng wie aagworfe u im Winter äbe meh. I ma d Bise nid verlyde, da gahn i so weni wie müglich vo Huus. Zum Glück isch my Maa guet zwäg, är cha alls ir Hushaltig. Wes mer öppe sött fähle, de chäm er scho z schlag ohni mi.»

«I han ech da es Gsteckli gmacht, wo darf is abstelle?»

«Otti, reich es Plateau ir Chuchi, wäg de Nadle u de Fläcke!»

«I hoffe, es göng nech gly wider besser, we nech cha behilflech sy, de säget's ruehig. Uf Widerluge mitenand u schöni Fyrtige!»

Im erschte Stock bi Meiers git es Ching Bscheid. Ds Mami syg am Choche, äs heig ke Zyt.

«Säg ihm e härzleche Gruess vo mir u gib ihm das, un i wünsche nech schöni Wienachte.»

Mit eme rote Gsicht chunt d Frou Meier us der Chuchi: «Aha, dir syt's Frou Sollbärger, i bi grad toll im Schuss, wie geng. Oh merci vilmal, das isch lieb vo nech, uf Wiederluege!»

Bir nächschte Tür fallt's der Barbara chly schwär z lüte, aber si git sech e Ruck u drückt uf e Chnopf. Si isch gspannt, öb überhoupt öpper uftuet, es chönnt ere ga, wie we si wott frage, öb si id Wöschchuchi dörf, da luegt d Frou Stucki meischtens nume düre Spion u tuet nid uuf. Am Spion zeigt sech e Schatte u druuf geit d Tür uuf. Ohni z grüesse fragt si:

«Weit der öjes Gwüsse gschweigge mit der Hüchlerstude?»
«Grüessech Frou Stucki. Nei, i wett nech es Fröideli zur Wienachte bringe!»
«I ha gmeint, dir wöllit nech entschuldige, will dir im Summer mit öjne Granium geng eso nes usöds Gsou machet u im Winter fueteret der d Vögel u di versoue mir ds ganz Jahr der Balkon!»
«Aber Frou Stucki, tüet doch nid eso. Granium sy doch öppis Schöns u d Vögeli singe ja o für öich.»
«Äh Chutzemischt. Vo mir us bruuche die nid z singe, we si es settigs Gsou mache u das Gsteck chöit der bhalte, i begähre nüt gschänkt, adie!»
Wie ne bschüttete Pudel steit d Barbara Sollbärger vor der zuegschletzte Tür.
«Was bin i doch für nes blöds Huehn, dere wölle ne Fröid z mache. Am Beschte lahn i der Chupferschmid o grad la sy. Dä kurlich Chutz isch im stand u wott o kes.»
Trotzdäm lütet si bi däm Junggsell.
«Grüessech, Herr Chupferschmid, i wett nech es Liechtli bringe, wie geit's nech?»
«Guet guet. Eh, Liecht hani eigetlech gnueg, i ha ja ds Elektrische, aber guet. I bruuche ja das Züüg nid aazzündte, danke für ds Guetmeine, adiö wohl!»
Nachdänklech geit d Barbara i ihri Wohnig zrügg. Hett sech das jetz glohnt?
Wo ihre Maa hei chunt u sech die Gschichte aalost, meint är:
«Oh mohl, weisch, der Momänt gseht's vilicht chly mager uus, aber i dänke, dass di Saat früecher oder speter ufgeit.»

Was d Adväntszyt chittet

Verdrosse steit d Alice Läderach uf eme Taburettli u stosst hässig die bruuni Cartontrucke uf e Chleiderschaft zrügg.
Wär se jetz gsäch u se chly kennti, gsäch scho a ihrne gspannete Wadli, dass bi ihre nid guet Wätter isch.
«Das isch für nienerfür, die Chrippe blybt hüür da obe, baschta. Was sieg ächt my Grossvatter, wen er gsäch, wie weni dass syner sälbergschnitzte Figure hüt no gälte u was würd ächt my Mueter säge, we si no da wär u müesst erfahre, dass ihre Schwigersuhn, ihre Liebling, frömd geit, mit eme billige Tschaaggeli? Di ganzi Familie, wo geng als Muschter ggulte het, gheit usenand. U da söll üsereim nüt derglyche tue u d Chrippe ufstelle, wie we nüt wär? Nei hingäge, das wär de doch nume ghüüchlet.»

Der Daniel geit i nes Schylager u zieht dä Rummel der Familiewienachte vor, u d Eva wott lieber im Züribiet usse mit der Familie vo ihrem Fründ fyre, als daheim, wo so dicki Luft sig, dass me chuum meh chönn schnuufe, het si re verwiche a Chopf bbängglet.
Me müess sech ja schäme, we d Lüt im Büro u uf der Strass redi, wie sech der Chirchgmeindspresidänt Lädeach lächerlich machi. U d Mueter tuet o blöd, lat sech la gheie u macht der ganz Tag e Surnibel, dass eim d Milch im Mage suuret. Si, wo früecher so het uf sech gha, louft jetz ume wie nes Haghuuri, mit ungwäschne Haar u schregtschalpete Finke.
Da isch de Peters Familie scho öppis anders, we si scho nid id Chilche gö, die hei zäme u sy fürenand da. Es mues schön sy, mit dene Wienachte z fyre.
Eh sicher, echly weh tuet's der Eva scho, ds erschte Mal a der Wienachte nid daheime z sy. Es isch halt albe scho schön gsi, we d Mueter am Klavier, der Brüetsch uf der Klarinette u seie uf der Gyge het begleitet. Scho d Probe sy sech derwärt gsi z erläbe. Der ganz Advänt dür hei si jede Sunntig-Aabe güebt. D Mueter het albe d Chrippe ufgstellt u ganz apartig belüüchtet. Solang sech d Eva ma bsinne, sy die Adväntssunntige eso gstaltet worde. Der Vater het sogar jewile uf sys Fernseh verzichtet, wen er scho total unmusikalisch isch u isch, i ds Ässzimmer übere cho zuelose u het se ermunteret u grüemt.
Jetz geit dä alt Gstabi mit däm Toggeli, wo sälber e Familie het. was dänkt ächt die derby?
Was mache si ächt am Heilig-Aabe? Git's ächt e Boum u d Chrippe u gö si ächt ad Chrischtnachtfyr? Me cha ja mit

beidne nid rede. Fragt me d Mueter, de heisst's: «Frag der Vater.» U geit me zu däm, de zuckt er d Achsle u hässelet: «La mi mit öiem Wienachtsgstürm i Rue.»
Der Dänu gieng sicher nid i das Lager, we das nid eso wär. Hingäge d Eva het scho färn em Peter versproche, über ds Jahr de mit ihm hei z cho. Es preicht sech jetz eifach grad, dass das zäme chunt. Zu normale Zyte hätte d Eltere sicher Verständnis gha für das. Si möge ja beidi der Peter guet u mit syne Eltere hei si es fründschaftlechs Verhältnis.
Am erschte Advänt geit der Vater i d Stube u lat d Glotze aa, die beide Junge luege d Mueter fragend a:
«Was isch, tüe mer musige, oder isch das nümme Mode?»
«Für was musige, dir syt ja de glych nid da a der Wienachte.»
«He Mam, mach doch jetz nid uf Wältundergang! Was isch scho derby, we d Eva un ig einisch i der Wienachtszyt üse Wäg gö, das passiert doch überall einisch. Wäge däm chöi mir doch hinecht glych musiziere. Wo hesch übrigens d Chrippe?»
Wyss, wie nes Lintuech hocket d Frou Läderach am Tisch u lyret ihri Serviette a ne Tradel. Zum Gränne fähle re d Träne, die sy scho lang vergosse. Was söll si uf das alls antworte, sie cha's ja sälber nid versta, dass si i nes settigs Loch het chönne gheie. Es isch eifach grad alls mitenand cho, die anderi Frou, zumene Zytpunkt, wo d Chind afö eigeti Wääge ga. Sicher, für nes Unglück isch nie die richtigi Zyt. No vor eme Jahr isch si sicher gsi, dass bi ihne alls heil u ganz isch. I de dreiezwänzg Jahr vo ihrer Ehe isch eigetlech geng alls guet ggange. Fred het brueflech u no

chly politisch u militärisch Karriere gmacht u d Alice het Verständnis gha, dass ds Huus u d Chind houptsächlech ihre sy überlah gsi. Ihri ganzi Chraft u Liebi het si i die Ufgab gsteckt. Jetz, wo me elter u mit der Zyt o chly müeder wird, lat sen alls im Stich. Ihri ehelichi u müeterlichi Fürsorg wird als läschtigs Übel abta.
Es git Lüt, wo säge: «Was isch de da scho derby, we d Chind eigeti Wääge gö u der Maa frömd geit, das isch doch hüttigstags nüt meh anders.»
Für d Alice isch es äbe nid nüt anders, für sie isch es der Undergang vo allem, was bis vor churzem, nei, geng no, ihres ganze Läbe isch gsi. Settig Niederlage gwichte de äbe i bsundere Zyte wie Wienachte no dopplet. Für wän söll si hüür der Boum schmücke? Sie weiss ja nid emal, öb Fred denn daheim isch u wenn, hocket er sicher vor der Mattschybe, bis es Zyt isch für d Chrischtnachtfyr, da wird er sicher nid fähle, scho wäge de Lüt. Zwe Tag vor Heilig Aabe lütet Fred vom Büro us aa u fragt d Alice, öb si Luscht heig, mit ihm ga z ässe.
«Wes nume isch, für dys schlächte Gwüsse z gschweigge, de schänke der das, schwyge chöi mir daheim billiger.»
«Nei du, es isch öppis anders, aber i säge der de das hinecht.»
Was isch jetz das? Isch nid i syr Stimm so öppis gsi, wie wärbe, öppis Weichs, Erwartigsvolls?
Ihre Puls fat aa rase. Öppis Brütlechs, wo sit Jahre isch verschüttet gsi, erwachet i der Frou, wo sträng der Menopouse zue geit u ne Gschäftigkeit ergryft se:
«Schnäll i ds Dorf ga ychoufe, de d Chrippe ufstelle. Under d Dusche u öppis Hübsches aalege.»

Wo d Chind heichöme, fragt se d Mueter mit lüüchtige Ouge, öb's ne glych wär, hinecht nid daheime z sy, si wett gärn mit em Vater alleini sy.
«Klar Mam, no so gärn, du, das isch ja wunderbar, isch jetz alls wider guet?»
«Das weiss i no nid, aber i hoffe's.»
Fred chunt hei, mit füf gälbe Rose, gseht der feschtlech deckt Tisch u die belüüchteti Chrippe.
«I ha de eigetlech di wölle ylade.»
«Nei Fred, i cha hüt kener Zueschouer bruuche, i ha Angscht, es gäb de Träne.»
«Fröideträne ja, müglecherwis. Es het müesse Advänt wärde, für mi zur Bsinnig z bringe. Weisch, me lehrt e Mönsch nie so guet kenne wie i der Zyt. Öpper, wo Advänt erläbt, wie anderi Tage, öpper, wo nüt gspürt vo däm, wo d Chrippe erzellt, isch für mi unmüglech. I ha di nie so gärn gha wie albe denn, we du für üs alli u mit üs allne hesch Advänt gfyret un eso hesch vorbereitet uf die Heiligi Nacht, eso wei mer's bhalte solang mer läbe.»

Kennsch das Lied?

Ufgwachse isch der Georg Waltisbärger mit vier Gschwüschterti imene Pfarrhus. Syner Eltere sy frommi, rächtschaffeni Lüt gsi. O syner Gschwüschterti hei alli e rächte Wäg ygschlage. Der Georg het scho früech gwüsst, dass o är wott Pfarrer wärde. Ne nei, nid e glychlige, wie der Vater. En ufgschlossene, weniger äng u fromm, meh nach em Volch, meh uf die soziali Art.
Der Georg het sys Studium a liberale Universitäte gmacht, aber der Vater isch doch für ihn es Vorbild blibe. D Diskussione zwüsche dene beide Herre sy mängisch rächt heftig gfüehrt worde. Nüschti sy si anenand ghanget u hei der Wäg zunenand geng wider gfunde.
D Maya, sy Frou, het sech bi settigne Dispute nie rächt wohl gfüelt u het sech albe zrüggzoge. Si het schlächt begriffe, warum me übere Gloube so cha i Täber cho u we

me ja grad weiss, dass me underschidlecher Meinig isch, de glych geng ume aafat a däm Thärme umebaggle.
So hei die zwe jedes Jahr im Advänt enand ds Mösch putzt, wäg der unbefläckte Empfängnis. Der Vater het a der biblische Version feschtghalte u der Suhn het ihm die biologischi Unmüglechkeit probiert yztrichtere. U will beid ds glyche hitzige Tämperamänt hei gha, het kene nahggää.
Georg het, wis öppe üeblech isch, alli zäh bis zwölf Jahr a ne anderi Gmeind züglet, bis d Chind sy a ds Gymnasium cho. Da het er sech i der Nechi vo re Stadt i re gäbige Landgmeind nidergla. Das isch o der Maya entgäge cho, will ihre d Arbeit im Froueverein u i der Bibliothek isch a ds Härz gwachse.
Wie hätt's o anders chönne sy, als dass der Pfarrer Waltisbärger o hie hätt «alti Zöpf» abgschnitte. Der Chirchgmeindrat, wo us luter Manne isch zämegsetzt gsi, het däm moderne Theolog nid rächt passt u är het aafa muggle u rumore, bis die zwe Eltischte hei der Huet gno: «Mit däm Pfarrer begähri sie nümme z fuuschte.» U würklech sy druf zwo jungi Froue nachegrütscht.
Hinggäge im Chirchechor het er nüt erreicht mit sym Nöierigswille. Der Dirigänt het uf syr Linie beharrt u het nume vorwiegend alti Lieder la singe.
O mit der Sunntigschuel het's gharzet. Dert hei zwo Froue, en alti u ne mittelalterlichi, im wahrschte Sinn vom Wort ds Regimänt gfüert. Zwar het me vo Zyt zu Zyt e Bespächig gha übere Stoff u d Art, wie me ne sött vermittle. Der Stoff sälber het nid so viel z brichte ggä, aber ds andere het nid wölle batte. Das me kes Chrippespiel

meh sött mache, het dene Froue nid yne wölle. Georg het gfunde, das syg überholt, ja, eigetlech kitschig, das syg nid für di hüttige Chind, är wüssi das, är heig schliesslech Grosschind i däm Alter. De no die alte Lieder, hüt singi me doch nümme «Gott ist die Liebe», da syg öppis Fätzigers gfragt, öppis, wo me derzue chönni chlatsche, oder tanze.

Nei, o Georg isch ke Jüngling meh, sy Bart u d Schläfe hei o afe Silberfäde, aber dass me no uf die glychi Gattig Chind unterrichtet wie denn, won är isch chlyn gsi, das wott nid i sy Chopf. U dass es grad Froue sy, wo so stuur sy, das mah ne dopplet. Är wo so vil für d Froue-Förderig tuet!

Aber im grosse Ganze isch der Pfarrer rächt guet zwäg. Da passiere grad hinderenand luter schwäri Sache.

Är vernimmt, dass sy Vater Alzheimer het u d Mueter, wo scho lengeri Zyt schwächlech isch gsi, cha nid zuen ihm luege. Beidi müesse i nes Pflegeheim. E Schwöschter, wo als Musikere vil het Zyt gno für d Eltere, isch i de Staate uf Tournee u het dert i ihrem Alter no die grossi Liebi entdeckt u wott dert blybe.

Wie we das nid längti, vernäh si, dass ihre Johannes mit ere ghüratne Frou es Verhältnis het.

Es isch Spätherbscht u der Pfarrer Waltisbärger gspürt i der Seelsorg, wie viel Lüt mit em Gmüet schwär hei, aber o är het Chnüpple u hätt eigetlech Hilf nötig. D Maya isch ke Riis, trotzdäm probiert si mit ihrem Suhn z rede, aber es bringt nid vil. Das sig jetz halt passiert, är syg sälber überrascht. Die Frou heig ihn jetz eifach nötig, öb das e Zuekunft heig, chönn är nid säge.

«Löht mi doch eifach la mache, i bi kes Chind meh u i muess myner Lehrblätze o sälber mache, wie das bi öich o isch gsi. I nimen a, dass o dir öier Erfahrige heit müesse mache!»
Ei Tag lütet d Sandra, ihri Tochter, aa u erzellt, dass si zum Dokter müess, si syg geng so müed u heig eismal i ds Labor müesse, öb öppis mit em Bluet nid stimmi.
Am Aabe, wo d Maya nach em Bricht fragt, trifft si e total verzwyfleti Sandra aa, si müess i ds Spital, es syg vermuetlech Leukämie.
«Chani der d Chind gäh, du hesch besser Platz, als d Schwigereltere. Ja ja, i weiss, jetz fat bi öich der Advänts-Rummel aa, aber i bruche jetz eifach öji Hilf!»
«Ja sicher, Sandra, du chasch uf üs zelle, das isch doch klar. Du, i gloube, dä Dokter tüüscht sech, das cha doch öppis ganz anders sy. Häb jetz afe no nid zhert Angscht.»
Das seit me so ring. Wo si dä Bricht em Georg erzellt, bricht dä fasch zäme:
«Nei», rüeft er us. «Nid das o no, das isch eifach nid müglech, das nid!»
Z mornderisch fahrt d Maya gäge Solothurn ga d Grosschind reiche u so guet wie müglech ihres Chind z tröschte u z ermuntere, aber das isch e schwäri Ufgab.
D Grosschind wüsse nüt vo der grosse Sorg vo de Erwachsene u fröie sech uf d Ferie bi de Grosseltere. Der anderthalbjährig Lukas wird scho no vil ztüe gä, aber d Eva isch vieri u nes gwirbigs Chrottli.
Die zwöi Chind bringe vil Sunne i ds Pfarrhuus. D Eva wott am Sunntig id Sunntigschuel, ds Grosi heig gseit, mit vieri chönn si de ga. Vo dert chunt si fröidestrahlend cho

prichte, es gäb de es Chrippespil u si dörf e chlyne Ängel spile.

«Gäll, i darf!»
«I weiss nid, öb dir denn no bi üs syt, ds Mueti muess vilecht nid so lang im Spital blibe.»
«Öb en Ängel meh oder weniger spielt doch ke Rolle», meint der Grossvatter guetmüetig.
«Bin i ächt doch lätz, wen i meine, Chrippespiel syge veraltet?»

Trotz der Heiteri, wo di Chind verbreite, isch doch der Sorgebärg no da. Das mit de Eltere, mit em Johannes u uf alls ufe d Sorg um d Sandra, derzue d Gmeind, wo geng uf Advänt stränger isch als süsch. Mängisch het der Georg Waltisbärg ds Gfüel, är syg em Hiob rächt nach verwandt.
«Oh Gott, was wosch eigetlech no alls uf üs lade, isch es nid gly gnueg? U da sött i vom Liecht rede, wo vo dir zu üs chunt, wen i gar nüt dervo merke!»
Wo's em Georg am Schlimmschte zmuet isch, chunt eis d Eva bi syr Bürotür cho ynegüggele u luegt der Grossvati mit ihrne Haselnuss-Ouge a:
«Grossvati, darf i chly zue der cho?»
«Ja, sicher du chlyne Schatz, chumm nume.»
Wie nes Buusseli chlätteret d Eva uf Grossvaters Schoss u nüüschelet sech zueche, so nach wie müglech:
«Du Grossvati, chasch du das Lied:‹Gott ist die Liebe›?»
«Ja klar, chan i das!»
«Also, sing's einisch!»
«Du nei, das man i jetz würklech nid.»
«De chasch es öppe gar nid. I gloube der's nume, wed's singsch.»
«Also, du Chuderluuri, de singen is halt, de het di armi Seel Rue.»
Mit syr schöne Bariton-Stimm singt der Georg widerwillig das alte, veraltete Lied, won ihm doch überhoupt nid gfallt.
«Gäll Grossvati, das isch es schöns Lied, das heisst, dass der Liebgott üs gärn het, di u mi u ds Grosi u ds Mueti,

eifach alli. Meinsch är machi ds Mueti wider gsund?»
«Mir weis hoffe, chlyni Muus, das wär ds schönschte Wienachtsgschänk für üs alli.
Du hesch rächt: ‹Gott ist die Liebe› isch es schöns Lied!»

Es Hüüffeli Eländ

«Hilfe, ich bin HIV positiv und schwanger, habe weder Arbeit, noch Wohnung!»
Die Wort stö uf eme schmuslige Cartondechel u hinderdra huuret es gruusigs Gschöpf, wo sys Gsicht hinder eme dräckige Vorhang vo verfilztem Haar versteckt. Dernäbe ligt e Gyge mit Boge u chly wyter vore der passend Chaschte mit paarne Batze drinn.
Aagwideret gschouet d Trix die Bscheerig. Nume nid luege, dänkt si, da cha me nid hälfe, die wei sech ja gar nid la hälfe, die wei nume Gäld für Droge.
D Trix geit wyter, si het e Termin bim Frouenarzt:
«Hoffetlech klappt's dasmal mit der Schwangerschaft, das wär my gröscht Wunsch!»
«Gratuliere, Frou Keusen, jetz isch es so wit ... sit sächs Wuche syt der schwanger!»

Strahlend zieht der Dokter d Häntschen ab u tätschlet der Trix liecht uf d Achsle.
«Hüt git's dänk es chlyses Feschtli bi öich, so, wie öie Maa pplanget het.»
«Oh Herr Dokter, das isch ja wunderbar, danke vilmal, darf i n ihm hurti aalüte?»
Wie uf Wulche stölzelet d Trix dür d Stadt. Si het ds Gfüel, me gsej ere ihre Zuestand scho aa. Imene Schoufänschter betrachtet si verstole ihri Figur.
«Söll i ächt scho nes Umstandschleid choufe, so Latzhose, wo me der Buuch so schön gseht? Nei, i warte doch no chly.»
Äh, da gruppet si geng no, die unsympathischi Pärson u bättlet. «Nei, hüt lan i mir mys Glück nid la vermyse vo so me ne gruusige Totsch, hüt nid. Nu guet, zwe Franke gib ere, mira, e Füfliber, will i so glücklech bi, aber nachhär tuet's es. Was chan i derfür, dass die es liederligs Läbe gfüert het u sech dermit sälber chrank gmacht het?»
Chlous chunt mit eme uwäselige Rosebuggee hei u umarmet sy Frou ganz süferli, wie ne Porzellanfigur, u ds Telephon louft heiss, bis di nächschte Verwandte u Fründe vo däm Glück wüsse.
Di nächschte paar Wuche git's vil z Plane bi Keusens u d Trix het o chly Müej wägem Erbräche u der Müedigkeit. Si hei sich das Chind so brönnend gwünscht u sech guet druf ygstellt, u doch het d Trix plötzlech Angscht, öb si de ächt o ne gueti Mueter wärdi u alls rächt machi.
Wo si z nächscht Mal bi der junge Bättlere düre chunt, blybt si churz stah u liest uf däm Carton «HIV positiv, schwanger.»

«Myni Güeti, Trix», dänkt si, «du machsch dir Sorge um dy Schwangerschaft u hesch alls, was es für nes glücklechs Familieläbe bruucht, u hie hocket das Hüüffeli Eländ wo nüt het als Sorge. Ächti Sorge.»
Si nimmt e grösseri Note us em Täschli, aber si leit se nid i Gygechaschte, derfür gruppet si näb dä Unglückshuuf-fe, will si nid weiss, was si süsch chönnt mache. Spöttisch wird si vo de Passante gmuschteret. Güggelrot vor Scham steit si uf u stellt fescht, dass d Bättlere se gar nid zur Kenntnis nimmt.
Daheim erzellt si ihrem Maa die Gschicht. Dä lachet se nid uus, obschon ‘s ne kurios düecht, dass sy eleganti Frou zmitts ir Fuessgängerzone näbere Bättlere am Bode gruppet.
«Los Trix, das isch nid üses Problem, da sölle d Behörde luege, oder d Chirchgmeind, oder d Heilsarmee. Mir wei üs da gfüehlsmässig drus ha. Gib ere Gäld, aber la di nid mit ere y.»
Mit ere merkwürdige Gwalt zieht’s d Trix geng ume zu däm bewusste Egge. Si wett gärn ihres Gsicht gseh, möcht mit ere rede, aber dä dräckig Haarhöjel blybt zue.

Ganz spontan nimmt si einisch d Gyge vom Boden uf u spilt:
«Ihr Kinderlein kommet.» Eh ja, es isch Advänt, da muess eim doch ds Härz ufga!
«He, spinnsch», rüeft d Bättlere, «la die Gyge la lige». Derby zeigt si es Gsicht voll gruusig Blätze.
«Ke Angscht, i nime se nid, i ha nume einisch dys Gsicht wölle luege. Wie heissisch u wo wohnsch?»

«Geit di e Dräck a du Dame. Los, verzie di!»
«Wen i dir aber wett hälfe? Du bisch schwanger, ig o, das verbindet üs doch irgendwie.»
«Blödsinn, üs verbindet nüt, du hesch ja ke Ahnig, spar der dyner Sprüch u hou ab.»
«Säg mer doch wenigschtens dy Name u d Adrässe.»
«I heisse Karin. Karin Frutiger. Adrässe han i keni, bisch jetz z fride?»
«I chume wieder, tschau Karin, alls Guete!»
Eis Tags isch der Karin ihre Platz läär. Vilecht het si gebore, oder es isch ere z chalt. Eso muess d Adväntszyt schwär sy. D Trix liest jetz regelmässig i der Zytig d Zyvilstandsnachrichte für z luege, was d Karin für nes Chindli übercho heig. Si spilt chly mit em Gedanke, däm Chlyneli Gotte z wärde.
Da liest si eis Tags der Name Karin Frutiger. Allerdings bi de Todesfäll, u das churz vor Wienachte!

Ds Hanni gryfft y

«Stäcketööri, was dä zäme ggäggelet! Jetz zaagget dä mit der nöimödische Wüschmaschine doch tatsächlech e Halbstund a däm Platz ume. Da hei ja Werner un ig mit em Bäse nid lenger gha, weder äbe, es isch nümme Mode, dass me wärchet, bis me zäme gheit.
Letschti Wienachte hei mir no der ganz Chrampf alleini gmacht. Werner het zwar mängisch fasch nümme möge u het vergäbe Erliechterige ghöische. Weder zum Fäge, no zum Loube oder Schneeruume het me ne Maschine übercho. Das ligi finanziell nid drinne, het's gheisse, da chäme die andere Sigrischte o u wette ds Glyche, wo chäm me da häre. Werner het lang chönne warne, är mög fasch nümme, nid emal es Dokterzügnis hei si ärnscht gno.
Jetz ligt er uf em Fridhof. Churz nach der Wienachte het er e Härzinfarkt gha u nach paarne Tage e zwöite, wo zum

Tod gfüert het. Umbracht hei si mer ne, die fromme Chilchelüt! Hät me chly meh Verständnis gha, de läbti är no. Was hani dervo gha, dass si ne a der Beärdigung grüemt hei, nach Note? Oh, i ma di Grinde gar nümm aluege! Wo si mi zur Adväntsfyr sy cho ylade, het's mi verjagt: ‹Ehnder loufi d Aare obsi, als dass i no einisch i die Chilche ynetrappi›, han i erwideret.»
D Ruth merkt nid emal, dass si für sich sälber redt, eso ma se d Erinnerig erhudle. Die lengschti Zyt steit si am Fänschter u luegt uf e Chilcheplatz übere. Die roten Ouge stöh voll Wasser, vo der Nase zum Chini zieht sech e töifi Runzele, wo Werner no nid kennt het. Är wär erstuunt, wie sech sy Ruth veränderet het. Us der heitere Frou, wo für jede Mönsch, ob jung, oder alt, es fründtlichs Wort het gha, isch es bitters Chiflifroueli worde. Us der fröhliche Chrischtin e vergrämti Zwyflere. Sit em Tod vo Werner isch si nume no zur Amtsübergab i der Chilche gsi.
E junge Mönsch fuuschtet jetz uf sy Gattig dasume. Dä het scho vor der Wahl syner Bedingige gstellt: Maschine, Putzfroue u derzue no meh Lohn. Das isch ihm alls bewilliget worde. Alls, alls, het's jetz möge verlyde. Undereinisch het me Gäld wie Höi. Die jungi Sigrischtefrou gseht me nie, si het gseit, si heig weder Zyt no Luscht für ander Lüt der Putz z mache.
«Oh Werner, Werner, was sy mir doch für Trottle gsi, üüs däwäg ga z schindte? Was hei mir jetz dervo? Wienachte ohni di, ohni es guets Wort vo öpperem, ohni Wienachtsgschicht u Lieder! Aba, was söll's, i möcht doch glych nid lose, alls nume läärs Gschwätz. Isch öppe der Pfarrer nume es einzigs Mal cho luege, wie's mir göng,

oder het öpper vom Rat gfragt, öb i z schlag chöm? Ke Bohne. U drum git's bi mir o ke Wienachte. Wo isch jetz dä Gott, wo's mit de Müehsälige u Beladene het? Wo isch er gsi, wo Werner isch z Grund ggange? Z Grund, wäg eme Huuffe harthärzige Lüt?»
Plötzlech gseht si uf der Strass usse ds Hanni Lugibüehl sta u gäge ihres Fänschter zue winke. D Ruth tuet uuf u winkt zrügg.
«Wettisch mer nid cho hälfe Päckli mache?»
«Nei wääger nid», git d Ruth suur ume, «chunsch hurti zue mer ine, i erkläre der de warum.»
Gli druf höckle die zwo Froue bi ihrem Tee. Ds Hanni, es Relikt us der Jahrhundert-Wändi, geng echly chrumms u gruusam altmödisch aagleit. Die glismete Strümpf lodele um die magere Wadli ume u die gälbgraue Haar si imene schittere Bürzi zäme gno. E Stimm het's, wie we's geng nume mit chlyne Chind ztüe hätt.
Wie lang git ächt das scho Sunntigschuel, wärweiset d Ruth, ömel sicher füfzg Jahr, i bi ja scho zu däm ggange, u denn isch es o scho alt gsi. Das isch e Mönsch, wo sech chuum veränderet, nie richtig jung isch u o nie richtig alt. Us dene Gedanke rysst se ds Hanni, wo wott wüsse, was los sig, dass me d Ruth nümme i der Chilche gsej. Da brodlet's nume so use us däm quälte Härz. D Enttüüschig über so mängs, was anders dörft sy, breitet sech vor däm alte Jümpferli uus. Das seit lang nüt, äs lost u lat däm Jammer Platz, bis d Ruth erschöpft schwygt u jämmerlech aafat briegge.
Süferli strychle die alte Händ über die jüngere u jetz isch äs wider ganz d Sunntigschuellehrere wo seit:

«Los Ruthli, das kennen i alls o. Wen i d Chilche nach de Lüt wett beurteile, de hätt i mängisch o nid vil uf ere, aber i luege sen aa als das, was si isch, es Wärchzüüg vom liebe Gott. Zueggä, es isch mängisch es schitters Wärchzüüg, meh es Ghudel. Aber we Gott mit eme verzeihende Lächle das mangelhafte Grät bruucht, de hei mir kes Rächt zum Verurteile. Vergib, so wie wir vergeben. U mir sy ufgforderet, üser Gaabe, wo mir vo Gott übercho hei drizlege zum Wohl vo der Gmeind u zur Verherrlichung vo üsem Schöpfer!
Drum wett i jetz, dass du mir würdisch hälfe Päckli mache u vorbereite für ds Feschtli morn. Du muesch lehre vergä u vergässe, süsch wird's niemeh heiter i dym Härz. I weiss, dass Werner das o so wett ha.»
Wortlos steit d Ruth uf, wäscht ihres vergrännete Gsicht u fahrt mit em Strähl dür ihres volle Haar u seit:
«Also, trink dy Tee uus, i bi parat.»

Schänk mer nüt

I der Fuessgängerzone höcklet der Samuel Guggisbärg uf eme Bänkli u luegt verzückt die herrlichi Wienachtsbelüüchtig aa. A de Hüser, a de Böim, überall lüüchte hunderti, ja tuusigi vo chlyne Lämpli u verwandle die ganzi Stadt i ne Märlilandschaft.
Ja ja, är weiss es, das Ganze het weni oder nüt mit em Wienachtsgscheh, mit der Erwartig uf ds Cho vo Jesus-Chrischtus z tüe, aber schön isch es doch.
Sy Frou het ne quasi da uf däm Bänkli deponiert, will er über d Hitz i de Läde gjammeret het. Si weiss, dass er e risigi Fröid het a de Liechter. Är isch jetz en alte Maa, aber im Härz isch er e romantische Tröimer blibe, drum het si ne o no geng so gärn.
Wie isch doch e Mönsch arm, wo ds Tröime verlehrt het, wo nume gseht, dass die Liechter sölle d Chouflust aakurble.

Ja sicher, das stimmt scho. Die Gschäftslüt dänke sicher nid a ds Chind i der Chrippe, we si so vil inveschtiere i dä Liechterglanz. Nei, das wird under Wärbig abbuechet. Trotz der Erchenntnis fröit sech d Helen Guggisbärg, dass si beidi o im Alter o no zu so «wältleche» Fröide fähig sy.
Dusse uf em Bänkli het der Samuel underdesse Gsellschaft übercho. Mit eme lute Bärz isch e schwäri Frou i de Sächzge näben ihm abghocket u het die unzählige Täsche u Plasticseck rächts u linggs näb sech plaziert.
«Gueten Aabe», seit Samuel.
«N Aabe wohl», git si ume, «was söll da guet sy i däm Gstungg inne? Jetz hani doch würklech ddänkt, vor em Chlousetag syg's de no nid so schlimm, aber schynbar meine das ander Lüt o.»
«My Frou isch o i däm Gwüehl inne, mi het si da usse gla, will's mer dinne z warm isch. Vil tüe mir zwar nid chrame, aber doch dises u äis.»
«Heit der de kener Chind, wo der müesset beschänke?»
«Wohl, Chind hei mer, sogar scho erwachsni Grosschind, aber das isch es Kapitel für sich, si wei kener Gschänk.»
«I gäb öppis drum, wen i die Schänkerei chönnt vergässe. Di Chöschte u di Arbeit, für was eigetlech?»
«Bi üs isch es grad äiwäg gsi, mir hätte de ganz gärn Päckli gmacht u gschänkt. Ja sicher, my Frou het ds meischte gmacht, aber mir hei Fröid gha dranne. Jedi Wienachte sy alli Chind u Grosschind hei cho, das isch jedesmal es grosses Fescht gsi. Klar, het my Frou vil Arbeit gha, aber mir hei enand alli ghulfe u sy glücklech gsi, alli binenand z ha.

Vor füf Jahre het plötzlech nach der Bscheerig eis gseit, me wöll doch ufhöre mit der Schänkerei, mir heige ja alli, was mir bruuchi, das sött doch nid der Sinn vo Wienachte sy, me chönni ja süsch zäme sy.»
«Ja, das meinti äbe o», seit die Frou.
«Mir hei mit schwärem Härz ygwilliget, dass kes meint, mir sige uf ds Beschänktwärde erpicht, aber duuret het's is scho.
Scho ds Jahr druuf het der eltischt Suhn sech abgmäldet, si göngi i d Schyferie, es gäb ds Davos grad so nes günschtigs Aagebot u Schnee syg o gnueg. Die vieri hein is schuderhaft gfählt, aber die andere hei gfunde, es sig no glatt, we me meh Platz heig. Ja guet, das stimmt, üsi Wohnig isch rächt chlyn für so vil Lüt, aber mir hei doch die ganzi Zyt a die dänkt, wo nid da sy.
Ds Jahr druuf isch scho nume no ei Familie cho u nume churz, si heige no mit Fründe abgmacht. Da isch d Helen i nes Loch abegheit. Bis i Früehlig yne het si a re Depression glitte. Ihri Müetterlechkeit isch schwär verletzt gsi. Wuchene lang hei sech d Chind nid gmäldet u we si het aaglütet, de hei si vo Verpflichtige gredt. D Mueter müess doch für das Verständnis ha. Hett si ja o gha, aber ds Alleinisy isch hert gsi für se. Si het aafa grüble, was mir de faltsch gmacht heige un ig bi machtlos gsi gägenüber däm Schmärz. I ha Angscht gha vor der nächschte Wienachte. Was isch, we gar niemer meh chunt?
Tatsächlech: Gottlob han i ds Telefon abgno, wo o di letschte hei abgseit, es sig nümme ds glyche, we nid alli derby sige:

‹Gniesset dir's dass der’s so schön still heit, oder flüget doch irgendwo hi a d Wermi, Karibik oder Thailand für das Gäld wo dir chöit yspare›.
Nei, mir sy nid id Karibik gfloge, o nid nach Thailand, oder süsch a nes anders Ort, mir sy daheim blibe u hei muutrummlet.
D Helen het sech schuderhaft aagsträngt, derglyche z tue, wie’s ihre nüt usmachi, aber der Wienachtsboum het es längwyligs Hefti gmacht i der lääre, ufgruumte Stube. I cha nid singe u alleini het si o nid möge. Der ganz Aabe sy mer da ghocket u hei passt, dass öpper aalütet, aber es isch still blibe.
Plötzlech, em Viertel vor elfi, mir hei scho bal i ds Bett wölle, het’s i der Chilche aafa lüte.
‹Wei mer o gah?› het d Helen gseit.
‹Wohi?› hani brummlet.
‹A d Chrischtnacht-Fyr.›
‹Wed meinsch, schade cha’s ja nid.›
Mir hei no grad häre möge u hei gstuunet, dass d Chilche so voll isch gsi.
Der Pfarrer het vo offene Türe u Härze gredt u mir hei Beduure gha mit üs sälber, dass bi üser Tür niemer begährt ine z cho. Meh us Längwylegi sy mer gly druuf wider z Predig. Da hett’s üs beidne du taget, dass für üs e Türen offen isch, we andere zue gö, dass mir nume yne müesse zu der offene Tür.
Sider het bi üs Allergattig gänderet. Mir hei üser Chind geng no gärn, aber es tuet weniger weh, we’s ne ohni üs o guet geit. Mir hei erchennt, dass es öppis git, wo für üs wichtiger isch.

Ja, ja, es git geng wider Zyte, wo üs schmärzlech bewusst wird, dass mer nümme bbruucht wärde, alts Yse sy u mir üs nüt so fescht wünsche, wie ne rächte Rummel a der Wienachte, aber was wei mer, mir chöi das Rad nümme zrügg dräje. O üser Chind wärde das müesse düre mache, o si wärden einisch alt.»
Wo d Helen ihre Samuel abholt, fingt si ne i re merkwürdig aagregte u doch wehmüetige Stimmig. U die feschti Frou näben ihm uf em Bänkli seit:
«I wott hei, ga Päckli mache, Gottlob chan i das no!»

Adväntsfröid, trotz allem

Es isch still worde i der Drüzimmerwohnig vo der Frou Regsam. Wär hätt o dänkt, dass Gottfried, ihre Maa, dä undernähmigsluschtig Gödu, wie ne syner Kollege öppe tituliert hei, hüür a der Wienachte scho dusse uf em Fridhof ligti?

Müed u chraftlos lige ihrer Händ i ihrem Schoss. D Lismete, wo näb ere uf em Ruebett ligt, wott o nid wachse. Nid emal meh für ds Handarbeite het si Fidutz.

«Für was o lisme? Die Junge bruuche ja das Züüg gar nid.»

Isch's ere nid verwiche, wo si für e Kurt es paar Socke bbracht het, vorcho, wie we d Sylvia nume us Höfligkeit danketi? Ja, si erinneret sich jetze, dass er doch fasch nume no dere Frotteesocke treit. O d Grosschind zie pflegeliechti Sache em Sälberglismete vor.

Wie lut doch das Stubezyt täggelet! Ja, es git e Stilli, wo eim i den Ohre weh tuet, wie der gröscht Lärme.
Es het Zyte ggäh, wo si öppis zahlt hät, we's einisch so still wär gsi. Was hei doch die zwe Buebe für ne Betrieb gmacht! Gottlob hei sälbisch di andere Lüt im Block o Chind i däm Alter gha, süsch hätt's de öppe mängisch Reklamatione abgsetzt. Es isch nid sälte vorcho, dass Gottfried vo der Arbeit isch heicho u ghörig ufbegährt het, das sig doch zum Verrucktwärde. Da chöm me hundsmüed vo der Büez hei u hoffi uf nes rüejigs Eggeli daheim. Aber nei, da tööni's scho im Stägehuus us jeder Wohnig use wie imene Schuelhuus.
«Isch de eigetlech hütigstags ke Mueter meh imstand, ihrer Pursch richtig z stalle, dass es e Gattig het?»
«Du chasch scho rede», het si de öppe konteret, «was gloubsch du, wie die zwe mir eis Tags uf de Närve umetschalpe, ömel bim wüeschte Wätter, we me se nid cha usela. Aber dir isch das ja glych, we du nume di Rueh hesch!»
Ja, sinnet d Frou Regsam, es isch mängisch turbulänt zueggange bi ihne u si sy nid geng nume lieb gsi mitenand. Gottfried het bi der Bahn en ufrybende Poschte gha, da het er halt mängisch daheim zünftig müesse Dampf abla. Aber trotz allem sy si e glücklechi Familie gsi.
Wäge der unregelmässige Arbeitszyt het Gottfried vil öppe under der Wuche mit de Chind i Wald, oder z Bärg chönne. Kurt u Ruedi sy de richtig i der Naturkund o geng bi de Beschte gsi, will si mit em Vater läbige Unterricht erläbt hei. Es het chuum e Boum, e Struuch, e Blueme oder e Stei ggä, wo die zwe nid hei chönne namse. Ja,

vor allem d Steine hei's de Buebe aata. Vater isch du speter, wo si grösser sy gsi, mängisch mit ne i ds Wallis ga strahlere. Viel Choschtbars hei si nie heibracht, aber wie hei die Buebenouge albe glüüchtet, we si der Mueter e halbwägs subere Quarz, oder e chlyne Kristall hei chönne bringe. Ruedi het ere eine dervo sogar einisch i Silber gfasset zur Wienachte gschänkt.

We das scho ke tüüre Schmuck isch gsi, het es se doch unerchannt gfröit, will si gwüsst het, wie mängi Stund dass dä Bueb mit sym Vater u em Brueder i de Flüene ume gchlätteret isch, für so öppis z finde. Dernah isch es o nes Opfer gsi, sech vo däm Fund z trenne. D Fassig het er vo sym Sackgäld bim Goldschmid la mache. Beid Buebe hei sech ihres Gäld mit Heftli ustrage verdienet u sy albe mächtig stolz gsi, we si den Eltere dermit hei chönne ne Fröid mache.

Das alls isch längschte verby. Gottfried ligt dusse uf em Fridhof u d Buebe sy ghürate u hei ihrer eigete Familie. Zwar hei beid gueti Froue u wäg em Heicho cha si sech o nid beklage, aber, we si hei chöme, de chöme si z Visite, ihres Hei isch nümme hie. O d Grosschind sy geng öppe ne Teil vo de Schuelferie bym Grosi, aber i de letschte Jahr het Gottfried der Betrieb, wo si mache, nümme so rächt ertrage. Sys verbruuchte Härz het Rue bruucht. So het me sech halt gfüegt u het chly meh telefoniert.

«Wenn han i mi eigetlech i mym Läbe nid öpperem gfüegt», sinnet d Frou Regsam.

«Als jungs Meitschi han i uf ne Bruefslehr verzichtet, will mi d Eltere uf em Hof hei bruucht. Speter bin i für e Maa u myner Buebe da gsi, ha zum Hushalt gluegt u zum

Gäld, ha mit de Lehrer gredt, we's isch nötig gsi, dass Gottfried isch entlaschtet worde. U we's uf em Spielplatz vo der Gnosseschaft öppen eis toll gchätzeret het, han i müesse für Fride sorge. Es git halt geng dere Müetere, wo meine, ihrer Chind syge Ängeli, wo kes Wässerli chönni trüebe u de uwäselig i Gusel chöme, we's im Sandchaschte e Schleglete git. Speter het me müesse wehre, we d Buebe ihri luti Musig hei glost, dass sech d Nachbere nid beschwäri u Gottfried nid explodiert. Derfür isch me de vo de Junge als total altmödisch u hinderwäldlerisch taxiert worde.
E nu, si sy ömel erwachse worde u hei sech zu flotte Familievätere usegmuuseret.
Drufabe isch Gottfried pensioniert worde u das isch du no rächt e schöni Zyt gsi. Mit ihrne Beamtebillett hei si mängi lengeri oder chürzeri Reis chönne undernä.
Allerdings isch me de scho geng dert häre, wo Gottfried het wölle. He ja, schliesslech isch är ja der Bähndler gsi.
Nüschti het's der Frou Regsam meischtens gfalle. Am meischte het es se geng nach Italie zoge, zum Byschpil nach Floränz, wo si i de vile Musee stundelang de schöne, alte Bilder u Statue ihri Bewunderig zollet het.
Gottfried, wo weniger kulturbeflisse isch gsi, het de albe i der Zyt imene gäbige Grotto der flüssige Italjänersunne zuegsproche. Einisch hei si enand z Venedig verlore. Gottfried het dert es gäbigs Beizli gchennt, wo's so ärdegueti Spaghetti u nes millionisch süffigs Wyli gäb. Si sy übere Markusplatz tturnet, wo sälbisch toll under Wasser isch gstande. Drum hei si i Einerkolonne über die zwäggstellte Holzstäge müesse. Es het sech ömel du ergä, dass

Gottfried vor ihre über so ne Stäg balanciert isch u si het müesse warte, bis e Schübel Studänte vo der andere Syte isch drüber gsi.
Wo si däne, under de Arkade aachunt, isch ihre gsetzlech Angetroute niene meh z gseh.
«I welem Gässli isch jetz dä verschwunde?»
Si chunt sech ordeli hilflos vor, ohne Billett u Pass u numen es paar Schwyzerfranke im Täschli.
Undereinisch wird ere bewusst, wie verlore si ohne ihre Maa isch. I all dene Jahre het me sech eso anenand gwanet, dass jedes vom andere scho zum Voruus weiss, was es empfingt u stellt sech druf y. Da derdür git's o sältener es Gstürm. Öpper dernaa würd säge, das sig doch z dräck längwylig, aber das isch eifach e Frag vom Alter u vo der Abklärtheit. We me jung isch, meint me, me müess über alls u jedes dischpidiere, aber de merkt me de mit de Jahre, dass me mit worte u chifle o nid geng zu re Lösig chunt.
Das alls geit der Mueter dür e Chopf, währet si chly hilflos u bockstyf under de Arkade steit. Si kennt ihre bärbyssig Liebling.
Wen er se de vermisst, u das wird gly der Fall sy, chunt er se de der glych Wäg cho sueche.
U richtig, nach ere churze Ewigkeit gseht si ne useme fyschtere Gässli usecho. Grad der Momänt, won er se gseht, lüüchtet sys Gsicht erliechteret uuf, aber grad drufabe lat er aastandshalber chly Bisenäbel abe u chiflet:
«Wo tribsch du di o ume, jetz han i gloubt, i müess ohni di gäge hei zue!»

«O du, i weiss ganz genau, dass du ohni mi niemals zur Stadt us wärsch, chaisch sauft ume lache, i weiss, dass d froh bisch, dass mer enand ume hei.»
Derby git si ihrem glungnige Herr u Gebieter d Hand u glücklech, wie nes Hochzytspäärli, staabe si ihrem Spaghettibeizli zue.

Über all däm Tröime het d Mueter Regsam nid gmerkt, dass si etnachtet. Vis-à-vis im Block u uf der Strass brönne d Liechter. Näbe me Husygang het öpper amene Grotzli elektrischi Cherzli aazündtet.
Aba, i ma gar nid Liecht mache, i ma o nid Znacht choche u no viel weniger man i a d Wienachte dänke.
Hert u gruusam wird si wider i die ruuchi Würklechkeit zrügg grisse. D Längizyt packt se brutal u gnadelos.
«Warum han i nid o grad mit Gottfried chönne stärbe? Es bruucht mi doch hie gar niemer meh. O Gott, warum lasch du mi so im Stich, i gspüre so gar nüt vo dyr sprichwörtleche Liebi!»
Haltlos u bodelos truurig hüület si i ihres verchnuuschtete Naselümpli.
Plötzlech fahrt si erschreckt zäme, a der Tür lütet's. Söll i ächt überhoupt ga uftue, dänkt si, da lütet's zum zwöitemal.
«Äh, so vergrännet chan i ömel nid ga uftue.»
Trotzdäm macht si Liecht, tröchnet ihres nasse Gsicht u tuet uuf.
Dusse steit d Frou Moser, en anderi Witfrou vom Block.
«Häbet ömel nüt für unguet, Frou Regsam, aber my inneri Stimm het mer gseit, i söll cho luege, was dir machit. I

ha dä Namittag vomene liebe Bsuech es Züpfli übercho u jetz han i ddänkt, mir chönnte das zäme ässe. I weiss us Erfahrig, wie settig fyschter Tage uf ds Gmüet drücke, drum han i dänkt, üs beidne tät es guets Gaffee un en Ankebock guet. Chömet doch zue mer abe, de chöi mir beidi üses Los besser ertrage.»
Nach churzem Wärweise git sech d Frou Regsam e Mupf u gly druuf höckle die beide Froue am Tisch u ässe das guldige Züpfli mit Hung u Anke u luege derby i die läbige Flämmli vom Adväntsliecht. Nid, dass si jetz ihrer Manne vergässe hätte, aber es tuet doch weniger weh, z zwöit a früecher z dänke.

«Wie sit dir eigetlech derzue cho, usgrächnet mi zum Znacht yzlade, im Grund gno kenne mir doch enand chuum», fragt d Frou Regsam ihri Gaschtgäbere.
«Das chan i öich o nid säge», meint die, «vermuetlech het der Liebgott gmerkt, dass dir grad jetz öpper bruuchet u du het er halt mi zue nech gschickt, u mir isch o grad dienet gsi mit öiem Bsuech.»
«Ja», sinnet d Frou Regsam, «guet git's Lüt, wo sech vo Gott lö la bruuche.»

Fride i Huus u Härz

D Madlen Geissbüehler luegt mit zuenähmender Närvosität uf d Uhr.
«Toni het doch versproche, hüt z cho, es wird doch nüt passiert sy! Das fählt si no, es längt, we si da ligt mit eme kaputte Rügge.»
Der Dokter het gseit, so öppis sig schnäller verheit als gheilet, won ere ds Rönggebild het erklärt.
«Das han i jetz vo mym ewige jufle, i wär gschyder zwöimal gloffe, als mit ere settige Bige Schachtle uf ds Mal d Stägen ab z wölle. Jetz han i der Dräck.»
Wie chunt ächt Toni z schlag? Adväntszyt, ei Aalass nach em andere u ke Hilf. Der Ablöser isch nach eme Härzinfarkt zur Kur u d Frou Zwyfel, wo süsch nie nei seit, het es Bébé übercho u stillet no. We me der Vorgänger würd

frage? Aber dä git is sicher e Chorb, är cha's nid rächt chopfe, dass es nach ihm o geit.
D Tür geit uf u Toni chunt mit eme rote Tuller uf ds Bett zue: «Sälü Froueli, wie geit's der hütt?»
«Sälü Toni, es geit, we mi nid bewege, aber du, hesch Erger gha?»
«Hm ja, scho, aber i wott jetz nid vo däm rede, süsch hesch de am Aabe wieder Fieber.»
«Du weisch, dass i nid lugg la, bis is weiss, also, gib's füre.»
Tonis Chopf wird no um ne Ton röter u im Grund isch er froh, dass d Madlen e gueti Zuehörere isch.
«Eh, geng ds glyche, di Junge, vom Disco-Chäller. Sider, dass i d Polizei ha la cho, won i d Sprütze u ds Cherzli im Herre WC ha gfunde, hei die mi uf em Bätzi, dass Gott erbarm. Dä Morge isch ds Entrée zu de Chällerrüüm u d Plättli u Spiegle bi de Manne inne voll gsprayt gsi: ‹Geissbüehler-Polizeispitzel›, ‹Sigrischte-Schmierläpple›, ‹Chilchelüt-Füdlibürger› usw. I chönnt no lang ufzelle, aber mir chunt d Galle obsi, wen i dra dänke. D Plättli u Spiegle han i putzt, aber der Vorrum muess me nöi stryche, drum bin i so spät, will der Verwalter isch cho luege. Dä het's du o nid chönne verchlemme, mer eis uszwüsche, me dörf äbe die Junge nid reize, süsch heig mes verspilt. Du Madlen, i gloube, i bi ke guete Sigrischt. I ha mir ds chirchleche Läbe anders vorgstellt. Isch das sövel lätz gsi, dass i d Polizei ha orientiert, dass i üser Disco gfixet wird? Mir hei o Chind u dra z dänke, dass die o einisch i das Fahrwasser chäme, macht mi ganz chrank. Jetz steit ke Mönsch hinder mir als d Organischtin, u die wird so wenig ärnscht gno wien ig.»

«Du vergissisch mi, Toni, aber für ume Fride z mache bruucht's beid Syte, di Junge u di. Probier über dy Schatte z springe u reck ne d Hand.»
«Aber nid nach däm Gschmier, das chasch nid vo mir verlange, die würde mi schön uslache, wen i usgrächnet jetz chäm cho aazdäsele, nei, alls was rächt isch, aber e Tschumpel bin i nid. Mängisch fragen i mi, öb i nid ume zrügg uf my Bruef söll. Mit allne Lüt chumeni z schlag u jetz e settigi Niederlag!»
«Du Toni, chumm ufe us dym Loch, la di nid vo paarne junge Lüt i ne Depression la ryte. Du weisch, dass du ganz u gar ke Versäger bisch, dänk a die Zyt, wo jetz bsunders vil vo dir forderet, will i da lige.»
«Ja, das isch es ja grad, wie söll i die Arbeit alli meischtere, ohni di? I schlafe scho jetz schlächt u hirne hindertsi u füretsi, wie aagattige.»
«Los, es isch no geng e Tür ufgange, wo's en anderi zuegschletzt het, häb o chly Gottvertroue, är lat is nid im Stich, i will o fescht dra dänke.»
«Danke Madlen, i weiss nid, was i ohni di miech, sogar im Spital bisch mer e Hilf, aber jetz muess i ga, am halbi füfi chunt der Manager vom Stadtorcheschter cho abmache, wägem Konzärt vom Wuchenändi. Adie Liebs, häb di still u mach der nid Sorge wäge mir, i chume scho für!»
Es isch du mänge Tag ggange, ohni dass der Toni Geissbüehler sy Frou het chönne bsueche. Syner Tagwärch hei bis zu achtzäh Stund dduuret. Zum Ässe isch er chuum cho u gschlafe het er miserabel. Fasch jedi Nacht het er der glych Troum gha: Är isch uf ere länge, stoubige Strass gloffe, wyt u breit ke Mönsch, kes Fahrzüüg, wo ne hät

chönne mitnä. Won er scho fasch nümme het möge, syner Füess si zäntnerschwär gsy u ne grässleche Durscht het ne pplaget. Da gseht er undereinisch wyt hinder sich e Stoubfahne. Voll Hoffnig blybt er sta. Da erchennt är Rocker uf schwäre Töffe, wo gredi uf ihn zue chöme. Mit Gsichter wie Fratze luege si ne stumm aa. Toni wott flie, da chöme si vo allne Syte, wärde gross u grösser. Wie risigi Traktore stö öppe hundert chromglänzigi Ungetüm um ihn ume u druffe hocke stumm u furchterregend Gigante mit Gsichter, wo jedem Horrorfilm guet würden aasta.
Nach settigne Nächt isch Toni geng wie eländer u muetloser. Gottlob sy wenigschtens d Chind bi de Grosseltere guet ufghobe. Es isch nid d Arbeit, wo ne söfel fertig macht, es isch der Ufride im Huus, wo jetz, i der Adväntszyt dopplet drückt u ihm der Schnuuf nimmt.
D Madlen het i der Zyt rächt vil Visite gha, vo Lüt us der Gmeind. Die meischte hei nüt gwüsst vo de Spannige i der Gmeind, u hei grüemt, wie der Toni trotz em Ungfehl vo syr Frou geng alls suber heig. Aber ei Bsuech het si nid erwartet. Da sy doch eis Tags zwöi jungi Meitschi mit grad ufgstgellte, stachlige Haar u Aalegine, wo mit ihrne Farbe völlig brüelet hei, zur Tür i cho u sy tuuch uf Madlens Bett zuetrappet:
«Grüessech, Frou Geissbüehler, kennet dir üs nid? Das isch d Gabe un i bi d Chrige vo der JG.»
«Ah ja, i bsinne mi, grüessech mitenand, was bringt de öich zu mir?»

Die zwöi Meitschi wärde under ihrer Schminki no chly röter. Ds Gabi git syr Fründin e Mupf u seit:
«Säg du, das chunt us dir Chuchi.»
«Ja äbe», seit ds Chrigi, «dir wüsset sicher, was üser Giele für Mischt boue hei?»
«Dir meinet das mit em Spray?»
«Ja, jetz hei mir äbe ei Aabe über das gredt. Wüsset der, mir sy de scho nid alli mit der Souerei yverstande. U das mit em Fixe, der Herr Geissbüehler het's sicher nume guet gmeint, won er zur Schmier, i meine, zur Polizei isch. Mir sy halt suur worde, wo mer alli sy verhört worde, derby sy mer die meischte suber. Gabe, säg o öppis!»
«Ehm, mir hei jetz äbe berate, was mir chönnte mache, dass dir ume z fride wärdet u d Chrige het mit ihrer Grossmueter gredt, das isch zwar chly ne Frommi, aber süsch isch si super. Die het gseit, öich wär sicher am beschte dienet, we mir bis zur Wienachte abwächselnd em Sigrischt würde hälfe, aber mir trouen is nid, ihm das aazbiete.»
D Madlen gschouet die junge Gsichtli, wo so härzig wäre, we si nid eso mit Farb verchaaret wäre. D Ouge hinder de schwarze Ringe luege tröihärzig dry.
«Mi fröit öie Vorschlag ganz unerhört un i bi sicher, dass my Maa das Anerbiete gärn aanimmt, will er i der Arbeit fasch versinkt u under dene Spannige schwär lydet.»
Es paar Tag speter chunt en ordeli erliechterete Toni i ds Spital cho rüeme, wie das guet göng mit syne junge Hälfer. Sogar i Gottesdienscht syge zwöi cho hälfe u a der Chrischtnachtfyr wölle si alli cho.

«Weisch Madlen, i bi zwar müed, aber i gspüre, wie ne grossi Burdi vo mer gheit isch. We mer scho nid der erhoffet Fride uf Ärde hei, so isch doch jetz Fride im Huus u i mym u anderne Härze, isch das nid der Aafang zum grosse Fride, wo üs i der Wienachtsgschicht verheisse wird?»

Advänt im Spital

D Frou Pfarrer Dorothea Inniger bletteret i ihrer Agända. Vor der Wienachte isch alls dick überschribe. D Vormittage, Namittage u d Aabete, alls isch verplaanet.
Hüt isch Mändig, ihre Frei-Tag, aber o da isch am Namittag e Beärdigung aagseit, will ds Krematorium Termin-Schwirigkeite het. Am Aabe het d Sek ihres Wienachtskonzärt. Ihrer Konfirmande hei se usdrücklech derzue yglade, da darf si nid fähle.
Blybt no der Morge, aber ds Spital darf me o nid vernachlässige. Es het dert zwöi-drü, wo lenger müesse lige, das isch im Advänt no herter als süsch.
Si chramet i der Schublade, wo si so allergattig chlyni Mitbringseli ufbewahrt: Es Büechli mit guete Sinnsprüch, es paar Cherze u paar schöni Charte.
Si macht sech uf d Socke, wär weiss, wie lang si het.

U richtig, am Empfang überchunt si e rächti Byge mit Näme mit de knappe Aagabe u de Zimmernummere.
Im Huus C, bi de Chronisch-Chranke, trifft si der Herr Brönnimaa. Är het vor eme guete Jahr e schwäre Hirnschlag erlitte u het ke Hoffnig meh uf Besserig. Rede u Schlücke geit mit Müej afe wider, aber vom Loufe chan er nume no tröime. Sogar sitze chan er höchschtens e Halbstund. Eigetlech wartet er hie nume no uf ne Platz im Pflegeheim.
Uf d Frag, wie's ihm göng, brummlet er mutz u müehsam:
«Wie söll's scho ga, we me im Näscht ligt u sech niemer um eim kümmeret. U dä da äne isch e längwylige Sturm. Z Nacht schnarchlet er wie ne Holzchnächt u der Tag laferet er wie nes Buech, es isch zum Dervoloufe, aber das chan i ja äbe grad nid. Jetz bin i de scho die zwöiti Wienachte da u bessere tuet's nüt.»
«Aber färn um die Zyt heit der doch no nüt chönne rede u loufe.»
«Ja scho, aber mit de Scheiche wott's nid. Wunderet eim nüt, we me eim nüt derna fragt. D Terapöitin chunt albe öppis mit mer cho fuuschte, aber das battet nüt. Die hei mi doch abgschribe, das het my Kolleg o gseit, aber d Rächnig chunt de scho geng pünktlech.»
«Aber öji Frou chunt doch vil zue nech?»
«Ja, jede Tag, aber das fählti no, we die nid geng chäm, für das isch si doch da: Liebi i guete u schlächte Zyte.»
«Ja, aber heit der se scho einisch gfragt, öb si dä läng Wäg jede Tag schaffi, si isch o nümme jung u het sicher o ihrer Bedürfnis.»
«Het si mi öppe verchlagt?»

«Nei, das nid, aber i cha mir das vorstelle.»
«Ja ja, ds Wybervolch het zäme, das mues me säge.»
«Darf nech öppis vorläse, Herr Brönnimaa, i mues nachhär no wyters?»
«Das schänke nech, das würd mi nume a Wienachte erinnere, das chan i grad nid bruuche, göt dir nume zu dene, wo settigs gärn ghöre.»
Niedergschlage ziet d Frou Pfarrer d Tür zu däm Zimmer hinder sech zue. Ja, e Bitz wyt cha si der Herr Brönnimaa o versta. Es mues hert sy, z akzeptiere, dass me nie meh wird hei chönne, nie meh wird chönne loufe. Aber d Bitterkeit, wo wie lengersi meh vo däm Maa usgeit, wo o der Frou Brönnimaa ds Läbe langsam zur Qual macht, git ere z dänke.

Der nächscht Bsuech gilt der Kathrin Sahli, ihrer Organischtin. Sit paarne Jahre kämpft si gäge Chräbs, wo sech geng u geng wider a anderne Stelle usbreitet.
«E grüessdi Dorothea, dass du i der stressige Zyt no zu mir chunsch!»
«Grüessdi Kathrin, wie geit's der hüt?»
«Ja äbe, es isch allwäg nüt, vo daheim Wienachte fyre, es geit langsam obsi.» Derby zeigt si ufe i ne unbekannti Wyti.
«Meinsch, me chönn nüt meh mache, mit der nöie Chemo?»
«Nei, weisch, i mah o nümme kämpfe. Der Händel het sech geng gwünscht, einisch amene Karfrytig z stärbe u dä Wunsch isch ihm erfüllt worde. I möcht gärn a der Oschtere gah. Du weisch, was mir Oschtere bedütet, aber

so lang geit's chum no. Aber versprich mir, dass der a myr Beärdigung es Oschterlied singet.»

«Das verspricheni dir, aber ungärn. Es wird mer schwär falle, a dym Grab z rede. Es isch schön gsi, mit dir z schaffe. I ha jedesmal gspürt, dass du dy Arbeit als Gottesdienscht gmacht hesch. Oh Kathrin, jetz mues i gwüss no gränne, anstatt di z tröschte.»

«Du muesch mi nid tröschte, du Guets, i ha nes erfüllts Läbe gha u i ha gärn gläbt, aber jetz isch es halt chly früecher Zyt für mi. Es mues schön sy, i däm andere Läbe u i bi sicher, dass mir zwöi üs dert begägne. Jetz lis mir no der 139. Psalm u de gang zu üser Gmeind u heit alli schöni

Wienachte. Will's Gott, gseh mir üs nachhär no.»
Süüferli umarmet d Pfarrerin di Frou, wo ihre so vil bedütet u geit mit eme unghüüre Chrott im Hals zur Türen uus. Wär het jetz da wän tröschtet?

Es Stockwärch tiefer isch d Geburtsabteilig, da git's wenigschtens nüüt z truure.
«Claire Balsiger, 35 jährig, nei, die kennen i nid.»
Imene Einzelzimmer trifft si d Frou Balsiger am Fänschter. Ihre Morgerock isch chic u allwäg nid billig.
«Grüessech, Frou Balsiger, i bi d Dorothea Inniger, Pfarrerin vo öiem Bezirk, darf i nech es Bsüechli mache?»
«Ja bitte, Frou Pfarrer, nät Platz.»
«Heit dir nid gebore, i gseh kes Bettli?»
«Mohl, i ha nes Buebli, aber är isch fasch drei Monet z früech cho, jetz hei si ne verleit i ds Chinderspital u dert kämpft das chlyne Mönschli um ds Überläbe.»
«Oh, das tuet mer leid, Frou Balsiger, isch es ds erschte?"
«Nei, ds dritte, aber die zwöi andere hei's nid gschaffet, alli sy z früech cho.»
«Het er e Chance, ohni Schade z überläbe?»
«Das weiss i no nid, es isch ersch vier Tag här, aber i hoffes, i bi imene Alter, wo me sött Chind ha, oder der Gedanke dra ufgä. Vermuetlech isch es my Fähler, i ha ds rouke nie chönne verchlemme. D Ärztin het mi geng gwarnet. Das verdammte Laschter! Wie isch es de, we der Reto zwar überläbt, aber behinderet isch? Das wird e ständige Vorwurf für mi. Wüsst der, Frou Pfarrer, i bi syt em Hochzyt nie meh z Predig gsi, aber i ha bbättet, dass mer Gott no ne Chance git. We mys Chind gsund wird,

wott i ufhöre mit däm Lumpe-Gift u o süsch es chrischtlechs Läbe füere!»
«So quasi e Handel? U we de dä nid ufgeit?»
«Das weiss i nid. Dir trouet mir nid, gället?»
«Das isch hie nid d Frag, wichtig isch, dass dir chöit ja säge zu däm, wo uf öich zuechunt. Gott lat nid mit sech handle, was är git, das schänkt er, eifach so. Es gsunds Chind isch kes Verdienscht u nes chranks ke Straf. I wünschen öich vo Härze, dass der Reto cha ne gsunde Mönsch wärde, das isch my Wienachtswunsch für öich.»
«Danke, aber dir heit mi vilecht vori lätz verstande, i wott nid mit Gott handle, es isch mer ärnscht, mit em ändere, das heisst: So, oder so, wott i mys Läbe meh nach Gott usrichte, nümm so oberflächlech, meh i d Tiefi. Das bruucht Aaleitig, so wie synerzyt i der Underwisig. Es cha sy, dass i nech i Zuekunft öppen eis bruuche.»
«I ha nech hie es chlys Büechli mit Sinnsprüch, läset ab und zue drinn, vilecht isch es nech e Hilf. O süsch wott i mer Zyt nä, we dir mi bruuchet. Trotz allem wünschen i öich gsägneti Wienachte, adiö, Frou Balsiger.»

D Frou Inniger luegt uf d Uhr: Längt's no für eine, oder zwe Bsüech?
Wo si uf d Station B 5 chunt, begägnet si der Schwöschter Isabelle.
«Grüessech, Frou Inniger, weit der zur Frou Rüfenacht, das isch afe guet.»
«Warum, isch öppis passiert?»
«Nei, äbe nid. Entschuldigung, das töönt chly bös, aber die Frou macht üs ds Läbe scho chly schwär. Nüüt isch

4

guet, wo mir mache, alls isch total faltsch. I gloube, si gspürt die helegi Zyt.»
«Oh Isabelle, die gspüren i o. Wettet der einisch e Blick i my Terminkaländer wärfe? Ja i weiss, d Frou Rüfenacht isch es speziells Müeti, aber dir erwartet doch nid, dass i die cha ändere? Nu, i ga eis ga yneluege.»
I däm Viererzimmer herrscht e merkwürdigi Stimmig, d Frou Pfarrer cha's nid rächt düte. Si isch scho nes paar Mal da gsi. D Frou Rüfenacht het Müej, sech vo ihrem Schänkelhalsbruch z erhole, das geit lang, drum het si o geng öppe Wächsel. Mängisch sy alls alti Froue, de wider gmischt, wie hüt. Zwo elteri Froue sitze zäme am Fänschter u lüpfe d Chöpf, wo d Tür ufgeit. E jungi, offebar schwärchranki Frou ligt im Bett, u d Frou Rüfenacht probiert mit Hilf vo re Schwöschter chly ufzstah. Derby seit si der junge Lehrschwöschter alli Schand, was das für ne Uverstand syg, seje däwäg z plage. Me chönnt meine, me wär im Schalewärch u nid im Chrankehuus, däwäg wärd me schigganiert. Jede Tag die Wäscherei, derby wärd me niene so weni dräckig wie hie, nachhär uf u nider, uf u nider.

Hilflos luegt d Schwöschter Sabine uf d Pfarrerin.
«Grüessech, Frou Rüfenacht. E e, sit der wieder einisch nid zfride, d Schwöschter Sabine macht das doch prima.»
«Dir chöit scho säge, öich tuet's schliesslech niene weh.»
«Da heit der tatsächlech rächt.»
Underdesse steit das Chiflyfroueli waggelig näb em Bett u schlüüft i Morgerock:
«He, du Babi, das isch ke Ermel!»

Am Böckli tüüsselet si dür ds Zimmer gäge ne gäbige Stuel zue.
«Jetz han i no Zucker, jammeret si lut u bhouptet tüür u fescht, das heig si hie inne ufgläse. Denn, wo die dert im Näscht sig cho, heig's grad drufabe gheisse, si heig Dia, Dia, äbe Zucker. Derby han i gar nüt Süesses gha. Bi däm Frass, wo's hie git, isch es fasch e Kunscht, Zucker z übercho. U abnä söll i o, öppis Sturms eso.
D Frou Pfarrer grüesst die zwo andere Froue u fragt, wie's ne göng u öb si o nid zfride sige mit der Choscht.
«Mo mol, ds Ässe isch scho rächt, aber es git Lüt, wo nes niemer cha rächt mache.»
Die vierti Frou schynt z schlafe u gseht ganz eländ uus. Alls das grifft der Dorothea a ds Härz u macht se richtig toube gäge di bösi Chifelstude, wo numen a sich dänkt.
«Frou Rüfenacht, i gibe nech hie e Charte mit Fuessspure im Sand, läset se u dänket drüber nache, das macht nech vilecht chly zfridener, bhüet ech Gott, gueti Besserig.»
D Frou Boumgartner het doch die letschti Chemo gha, da gahn i ga luege, wie's dere geit. Si trifft di Frou zwar bleich u mager, aber glückstrahlend aa. Morn chönn si hei, mäldet si. Si heig all Teschte guet überstande, es syge niene meh Ableger z finde gsi. «Oh, i chönnt die ganzi Wält umarme!»
«De fö mir grad dermit aa.»
Härzlech nimmt d Pfarrerin die Frou a nes Ärveli u drückt das magere Hämpfeli süferli a ihri weichi Rundlechkeit.
«Oh, Frou Boumgartner, i fröie mi mit öich!»

Frou Pfarrer, i danke nech für öies Mittrage u Mitfröie, das het mir unerhört vil gholfe i dene zwöi Jahr. Tüet der mer no einisch dä Psalm läse vom Steine wägruume, dass me nid dranne stoglet?»
«Dir meinet der 91. Psalm?

Für di het er syner Ängle ufbbotte, dass si di
bhüete uf allne Wäge.
Uf de Hände trage si di,
de stolperisch über ke Stei.»

«Danke, wüsset dir, dass dir mir das heit gläse, won i ganz verzwyflet bi gsi u ha wölle d Therapie abbräche?»
«Nei, das han i vergässe, aber es fröit mi, dass dir's no wüsset.»
Ufgstellt u glücklech fahrt d Frou Inniger hei. We si scho ihre Frei-Tag het gopferet, het si doch z Gfüehl, si heig en erfüllte Vormittag hinder sich. Ja, meh no, es isch, wie we si Chraft hät übercho für die stränge Wienachtstage.

Die Autorin

Elisabeth Lüthi war während 20 Jahren Sigristin an der über 1000 Jahre alten Hochzeitskirche Scherzligen in Thun. Sie ist verheiratet, Mutter von vier erwachsenen Kindern und Grossmutter von sechs Enkeln. Sie lebt seit ihrer Heirat in Thun-Dürrenast. Seit mehr als 12 Jahren liest sie an Altersnachmittagen nahezu in der ganzen Schweiz. Ihr erstes Buch «Em Liebgott sy Putzfrou» avancierte innert kürzester Zeit zum Berndeutsch-Bestseller und liegt ein Jahr nach Erscheinen bereits in der 4. Auflage vor.

Es gibt die Geschichte zusätzlich auf zwei Hörbuchkassetten für all jene, die lieber zuhören.